# うちなー世

# 書を捨て、まちに出た高校生たち

～復帰51年目の黙示録～

# 目　次

# 読者へのノート

二〇二二年四月二五日。この日、沖縄県読谷村にある読谷高校では復帰五〇年をテーマにした特設授業が行われていた。私はその様子を自宅のベッド脇に立てかけたスマホ画面を通して見つめていた。というのも、直前に、全くの不注意から圧迫骨折などという怪我をしてしまい、せっかくの撮影現場に参加できないでいたからだ。その代わりにカメラマンの西條沢栄とアシスタントディレクターの西野晶が撮影の傍ら、リモートカメラで授業の様子を送ってくれていたのだった。

授業のテーマは、人権の視点から基地問題について考えるというもので、キーワードは「復帰」。米軍基地あるが故の事件・事故、日米両政府がひた隠しにした復帰「密約」問題、読谷村が生んだ最後の行政主席、屋良朝苗の復帰にかける信念、日本の独立を認めた「サンフランシスコ条約」が結ばれた日を沖縄では何と呼んできたかなど、時代もできごとも多岐にわたるもので、私自身、いずれも記憶を呼び起こされるものどもではあったが、担当の伊佐真淳先生は当時の新聞記事のコピーを手に進めていく。

数名ずつのグループに分かれた生徒たちは、自分たちが生まれてもいない時代のできごとに想像を馳せたり、あるいは、自分たちが現に生きている沖縄社会や基地問題などとの差異を言葉に出し、班としての答えを発表していく。懸命に考えた末の生徒たちの発表内容は多様性に満ち、私は、五〇年前とはいえ同じ教室の景色とは大いに変わったことを意識せざるを得なかった。

一二〇分という授業時間のうち、どこかで一〇分間ほどをお借りする了解を得ていた。そこでは、生徒たちに一〇数枚の写真を見てもらうことにしていた。一九六九年一一月、同じ読谷高校で行われた特設授業にカメラを向けたもので、制服は同じとはいえ、写っている高校生は自分たちの親か、ひょっとするともうひとつ上の世代にあたる。コの字型に隙間なく並べられた机を前に当時の生徒たちが議論し合う姿や、立って意見を述べる男生徒、さらには入りきれなかった何人もの女生徒たちが廊下に立ちつくし、開け放った窓ガラス越しに教室内の仲間たちをじっと見つめる様子を切り撮ったものだった。

「窓がめっちゃ多いね」

「実習か何かなのかなあ」

「何で廊下にまでいるんだろう、生徒が多すぎたのかな」

「討論会？ 何かのディベートみたいだね…」

班にひとつずつ設置した三六〇度カメラの集音マイクを通して、写真の解読に戸惑う生徒たちのつぶやき声が聞こえてくる。写真の真実は撮影者にしか語れないことを思えば、それは当然の戸惑いでもある。

そして、アシスタントディレクターが「見ながらでいいです。ちょっと聞いてもらいたいんですけど」とあわただしく言葉をかける。

「写真はいまから五三年前、復帰って何だろうと、自分たちが住んでいる地域のことを考えて行動を起こしたみなさん方の、遠いかも知れないですけど、先輩方を写したものです。きっかけはB52墜落・爆発事故でした。写真をよく見ると、制服の胸にB52撤去という抗議のリボンが写っていると思います」

アシスタントディレクターの声に頷く生徒もいれば、聞き耳を立てたままの生徒もいる。リボンと聞いて、写真の人物の胸元あたりに目を遣る生徒もいる。

「当時の高校生はこういう集まりをやって議論をしていたということについてどう思いますか。意見がぱっと出る人は挙手してくれませんか？」

いきなり問われてもぱっととはいかない。指名された生徒が、恐る恐る答える。

「何か集まることがあったとしても、この写真のように強い思いっていうか、このときの人たちの思いはすごく強かったんだなって思います」

核搭載が可能というB52戦略爆撃機の墜落・爆発事故は一九六八年一一月一九日早朝に起きた。現場は米空軍嘉手納飛行場滑走路脇。そして事件から一年経っても嘉手納村（当時）を中心に住民たちの撤去を求める声は収まることなく続き、そんな中、高校生たちも「自分ごと」として声を上げるまでになっていたのだった。生徒たちに示した写真は、事故をきっかけに湧き上がった基地問題と復帰をテーマにした特設授業を写したもので、そのころ駆け出しカメラマンだった私は切羽詰まった表情を捉えようとシャッターを押し続けた。アシスタントディレクターに指名された生徒が「このときの人たちの思いはすごく強かったんだなって」という「読み」は、授業の中身は分からずとも当を得ていた。写真が持つ「真実」というものかも知れなかった。そして、写真の背景を理解した生徒たちからざわめきが起きたが、たぶんにそれは身近なところで起こり得る現実がいまもそこにあると直感したせいかも知れないと、私は勝手に解釈した。

実は、私の手元にはおよそ三万枚のモノクロームフィルムがあった。一九六八年一〇月、初めて沖縄に降り立ったときから、一九七二年五月一五日、沖縄が日本に復帰したその年の末までの四年あまり、那覇でアパート暮らしをしながら撮り溜めたものだ。

ときはヴェトナム戦争真っ只中、特設授業のきっかけとなったB52墜落・爆発事故も、もとを正せば沖縄が北ヴェトナム爆撃の最前線基地として機能する中で起きた事故だった。しかし現実はそんなものでは収まらなかった。空軍だけではなく、戦争に疲弊した体を休めるとして、一時休暇で沖縄に戻った海兵隊や陸軍の兵士たちが引き起こす殺人、強姦といった凶悪犯罪や日常茶飯事と化した暴行・傷害事件、基地が最大の産業とまでいわれるような経済構造の中で、そこで働くことがヴェトナム人の平和や命を奪っているのではないかと苦悩する基地労働者たち。そんな日々を積み重ねる中でだんだんしぼんでいく基地の完全撤去や縮小への期待、その一方で、反比例するかのように膨張する怒り。「基地」と「復帰」という沖縄最大の課題はいつ波乱が起きても不思議ではない緊張感とともに朝がきて、夜がきて、そしてまた朝を迎えていた。その中に、B52墜落・爆発事故を機にあるべき復帰の姿を求めて行われた読谷高校での特設授業を捉えた写真も、当然ながらあったのだ。

班に配布された何枚かの写真のうちの一枚が遠隔操作中の私のスマホ画面に写っていた。五三年前の授業風景を捉えたものだ。司会の生徒が背負う黒板にはチョークで「注目」と書いた漢字があり、続けて「行動なき理念は死　理論なき行動は無」との言葉が、コの字型に並べられた机に座った生徒たちを睨む。ナチスの迫害から逃れ、アメリカに亡命、帰化した哲学者ヘルベルト・マルクーゼが語った言葉だが、一九六〇年代にアメリカの新左翼運動家たちが、そして一九六九年のいまは読谷高校生たちもが好んで口にする言葉として蘇っていた。黒板の言葉は、君たちには行動するための理論があるのか、また目先だけの理論ではなく、そこに真の行動が伴っているのか、それらが上手に結び合ってこそ創造的人間なのだと説く。両手をズボンのポケットに突っ込んだ男生徒が、マルクーゼの諺を混ぜたかのように、「B52撤去を叫ぶだけでいいのか？高校生も立ち上がるべきではないのか？」と、行動あるのみと説く。男生徒を直視し、質問を投げかける生徒。腕を組み視線を机に落としたままじっとふたりのやりとりに耳を傾ける生徒。そして、教室に入りきれず廊下にまではみ出した女生徒たちは頬に手をあてたり、教室とを隔てるガラス窓の手すりを握りしめたりしながらも、笑顔は見えない。それは、B52墜落・爆発が嘉手納ではなく隣村にあるわが村だったらと思うと、生命の危機さえあったのだという恐怖が支配していたからに他ならない。写真も、その場に漂うのは深刻さと真剣さのふたつだけ、ということを如実に物語っていた。

それから五三年。読谷高校は木造からコンクリート造りへと校舎の構えも変わり、特設授業が行われている教室には、子か孫の世代の生徒たちが座る。

先生が質問する。

「復帰して沖縄の何が変わったんだろう？　何が変わらないままなんだろう、そして、変わって欲しいものは何だろう？」

「えっと、まず変わったことは沖縄県民の人権が保障されるようになったことと、政治面ではアメリカの統治下ではなくなったことです」

「変わったことはドルから日本本土と同じ円を使えるようになったこと」

「変わってないと思うことは基地周辺で起こる爆音の問題とか墜落事故とか、米兵による基地外の犯罪とかです」

「変わって欲しいことは軍の飛行機の飛ぶ時間などを変更したり、アメリカ側に県民の意見を尊重してもらいたいことです」

「つけ加えれば、日本にもアメリカにも、沖縄県民の願いにきちんと耳を傾けしっかり対策して欲しいことです」

沖縄のいまの高校生が見つめる「沖縄」。生まれたときは二一世紀。復帰から数えるとすでに三〇年以上が経ち、当然のように憲法も本土との距離も身近なものになっていたが、米軍基地だけはいまも重くのしかかったまま立ちはだかる。先生の質問に高校生たちがいらだちを見せるのは、なぜいまも在日米軍基地の七割が沖縄に配置され、なぜいまも基地の問題が大きな課題なのか、という問いに整然とした答えが得られない現実があるからだ。

新聞だけではなく、日々、ネット上を行き来する沖縄関連のニュースは結構多い。とりわけ、基地があり米兵たちがいることで起きる事件・事故などはもちろんだが、辺野古基地新設が示すような基地機能やその態様といった日米安保条約上の問題や、さらには、中国の習近平政権が見せたように、国際的な約束事を一方的に破棄して香港を配下に置いた手法で、軍事力を用いても台湾統一を謀ろうとする地政学的な野望など、東アジアを巡る状況が大きく揺れ動く中にあっても、沖縄の平和を求める声はずっと途切れない。それはなぜなのか？ 私には、復帰の最大テーマでもあった基地とそれに苦悩する沖縄の人々を記録した写真があった。事件や事故に巻き込まれた人々、強制的に土地を奪われた人々、有無をいわせぬ首切りに遭った人々、それ故に「即時無条件全面返還」に立ち上がった人々。その中には多くの高校生たちもいた。写真のひとりひとりの顔には怒りや悲しみ、憂いだけではなく、期待と夢と希望も刻まれていた。彼らはいまの沖縄をどう見ているのだろうか…。それが、沖縄の「いま」を探す旅をしてみようと決心した動機だった。

旅の前に、私にはやっておくべき事があった。写真に関したことだ。本棚の一角に積んだままにしてある一〇数の茶箱とベタ焼き帳。箱には五~六〇本のネガホルダーが詰め込まれていて、それぞれの箱の表には「集会・デモ」とか「基地の街」、あるいは「コザ暴動」「全軍労闘争」、さらには「在沖米軍基地」「人物」「経済」といったジャンル名を書いたメモが貼りつけてある。ホルダーを開けフィルムを取り出してみても、それがどんな映像なのか、白黒逆転したネガフィルムでは判断できない。そこで印画紙にフィルムを密着させてプリントしたベタ焼き帳というものを作った。その一コマ一コマに目を凝らしていくと、当時の沖縄の何百という人々の姿が目に浮かぶ。これらの写真が物語るものとは何だったのか? 改めて写真そのものから見つめていくと、沖縄の「いま」が読めてくるのではないか、あるいはひょっとすると、さらにこれから五〇年先の沖縄の姿を描いてみることも可能なのではないか。しかも五〇年という年月は沖縄で起きたあれこれを検証するのに十分な時間経過なのではないかという強い思いもあった。

写真の持つ「真実」ににわかにとりつかれた私はデジタル技術を使いながら三万枚のネガフィルムをデータ化する作業に取りかかった。その中には高校生にレンズを向けた九五四枚の写真も含まれている。大量の写真でも、手の平に乗ってしまうようなハードディスクにしまい込むことが可能なデジタル時代となったいまでは、何百枚もプリントするというアナログ的なやり方をしなくても、ｉＰａｄにコピーさえしてしまえば、すぐに誰にでも見てもらえるという利便性に気づいたからだ。

データ化に必要なスキャナーなどを購入してすべての写真をハードディスクに取り込むのに一〇日ほどかかったが、それをｉＰａｄにコピーして私が羽田空港を飛び立ったのは二〇二一年一〇月のことだった。

# 第一章　「校庭写真」の真実

その日の風向きにもよるのだろうが、機内の小窓から見えたのは糸満市街だった。住宅だけではなく海を埋め立てたあとには大型店舗らしき建物や倉庫群が立ち並び、開発が急速に進んだことが見て取れる。さらに下降するに従って、地方の都市としてはかなり膨張した那覇市が近づいてくる。密集ぶりは一目瞭然だ。かつては住んだこともあり、その後も、もう数えることもできないくらい行き来した沖縄だが、それでもまた来てしまったという思いが常に脳裡をよぎる。勝手なことかも知れないが、私にとって沖縄は組写真にしたりルポルタージュを書いたり、ドキュメンタリー番組を創ったりと、つまりはそんな生き方をすることになった人生のスタート地点であり、それだけに格段の思いもある。復帰五〇年を半年先に控えたこの日も、その思いが去来していた。

だが、前輪が滑走路にかすり完全に停止するまでのわずかな時間、そんな思いはいっきに失せ、これから始まる取材の行方に向かう。何といっても、iPadにしまい込んだ写真は五〇年以上も前の高校生たちを撮ったもので、そこに写っている人たちはいまどうしているのか、情報ひとつなかった。

しかし、私は一枚の写真を思い浮かべながら正攻法でいくしかないと決心した。それは、炎天下、校庭のど真ん中に机を「ロ」の字型に並べ、そこに詰め襟学ランの男生徒とセーラー服の女生徒ら五〇数人が座っている写真だ（P18）。読谷高校で撮ったもので、何か討論していると分かる。カメラを向けたのも教室や講堂ではなく、何といっても校庭のど真ん中だったことだ。普段は見かけないこんな光景の写真を目にすれば、当時のことを覚えている人はきっといるに違いないと独り合点したのだった。

## □ものいわぬ一枚の写真

「いないな、知ってる人は…」

三〇秒ほどｉＰａｄの写真をじっと見つめていた比嘉進自治会長が視線を上げる。

四万人強という日本一人口が多い村とされる読谷村には一九の字がある。中でも私が最初に訪問した先は楚辺区。世帯数一八〇〇余、人口四三〇〇余というのは読谷村最大で、これだけの人たちが住んでいれば、それだけ該当者に近づけるのではないかという期待を持ったからだが、自治会長の答えは端から失望するものだった。

「これなんか読谷高校の制服ですね、この帽子もそうですよね」

そこまでいえば思い出してくれるのではなどと未練がましく食い下がってみると、自治会長の脇にいた池原さんが口を挟む。

「僕は六九年が中学生のときなんで、そのときに、正義をかざすなんてなかったなあ…、もう少し先輩の方たちかな、こういう写真見たら…」

具体的な名前が出てきそうな気がして、再度、写真の説明を試みる。

「これ読谷高校の校庭なんですよ。それでここにクラスの代表者か誰かが集まっていろいろディスカッションをしていると…」

「僕らの時代はこういうのなどはなかったですね…。こういう授業をやってないですよ」

「全然見たことない人たちだね…」

ふたりは、アイディアは出し尽くしたといわんばかりにクビを振った。

「人捜し」という普段の会話にはなかなか出てこない話題に興味を持ったのか、女子職員たちも集まってくる。そこに年配の男性が割って入り、iPadをのぞき込む。慌てて説明に入る。

「五二年前に撮った写真なんですが、これはあの人だということがお分かりになればと、あるいは、これは俺かも知れないとか…」

「五二年前というと…、六九年か、もう高校じゃないな…、そのときはもう琉球大学に入っていたからなあ」

またひとつ失望が重なる。だが自治会長の友だちがまたひとり加わったことで、希望も芽生える。

「復帰の四年前にB52が嘉手納基地に落ちたとき、読谷高校生も大いに怒ったことがあって、そのときに撮った写真なんです。この中にご存知の方いらっしゃったら、これは俺だとか誰だれだとかお分かりになれば教えていただきたいと思って…」

「ちょっと見せてもらっていいですか。うーん、僕はいないしなあ」

意気込んでいただけに、楚辺区自治会での成り行きは想定外だった。iPadをしまい、万一のために連絡先を残した私は改めて村の地図を引っ張り出し、行政や経済、そして教育の中心地としてス

校庭で開かれていた討論会（1969 年 11 月 読谷高校）

タートした波平区を訪ねることにした。漫然とだが、今度こそ該当者が見つかるに違いないと、気を取り直した。しかし……。

「うーん、いないなあ、いないなあ……」

写真に写ったひとりひとりの生徒を指先でなぞりながら独りごちる知花安友自治会長の声を聞きながら、同級生や同学年だったらまだしも、五〇年以上も前のこととなると、一年違っただけでも先輩や後輩となったらやはり分からないだろうなと、私も自分の高校時代のことを思い出してみた。気落ちする私を気遣ってか、自治会長は「明日また聞いてみますよ」とコピーした写真と私の名刺を受け取ってくれたのだった。

## □「これ、私に似ている」

それから一週間ほど経った朝のことだった。メッセージを受信した旨を知らせるスマホのメロディが鳴った。

『卒業アルバムのいくつかの写真と、記憶のすり合わせから、討論会の場所は、校門左側の、旧グラウンドであることが分かりました』

送り主は仲宗根京子さんという女性で、私が預けた写真を見てメッセージしたとあった。しかし、自分がその写真の中にいるかどうかという肝心な点には触れられていず、さらに何か分かれば連絡します、という言葉で終わっていた。それでも一筋の光を感じた私は、すぐにでもお会いしたい、という返信メッセージを送った。

嘉手納町と読谷村の境に架かる比謝川大橋を渡ってしばらく走ると、左手に大型店舗が見えてくる。古堅と呼ばれるここにはかつて米軍住宅街が広がっていた。復帰後の一九七七年に全面返還されたあと、村でも初めてという区画整理で道路や住宅が整備され、大型スーパー店もできていた。仲宗根さんが指定した場所はその一角にあるパン屋だった。

「ご自分の高校時代の写真を見ると、これは私だとすぐ分かります?」

挨拶もそこそこ、もし、頷いてくれれば、真に五二年ぶりの再会になるかも知れないと思いながら席に着いたばかりの仲宗根さんにｉｐａｄを差し出す。仲宗根さんは前屈みになりながら「分かります」といって写真をのぞき込んだ。討論会の全景写真で、参加している生徒たちひとりひとりの顔は豆粒ほどの大きさということもあって、当人であったとしてもはっきりとは断定できないかも知れなかった。しかし、そうだ!と気づいた私はｉｐａｄを引き取り、自分の親指と人差し指を画面に乗せて上下に開いていった。写真の粒子が目についたが、豆粒だったひとりひとりの顔が画面半分ぐらいの大きさに拡大された。

「あ、これは小橋川さんだ、私よりもひとつ上です」

仲宗根さんが興奮した声を上げる。そして続ける。

「写真が大きくなったから誰だか分かった、こんな感じでアップになれば分かるかも知れない。この中に自分もいるかも知れない」

左から二人目が仲宗根京子さん

そして、急いでこう続けた。

「このときの討論会には私も参加していましたから」

この言葉に勇気づけられて「ロ」の字型に囲まれた写真右上方のコーナーあたりに座っている数人を拡大して見せた。私の指先動作に目を凝らしていた仲宗根さんが「これ!」と言葉を発する。

「これ、何か私に似ている、似てる…。なぜかっていったら、このときのヘアースタイルがいまの私と同じなんです。後ろに縛って。似てません?目のあたりとかも」

そういわれてみると髪型までは分からなかったが、唇をぎゅっと噛み、眉間にしわを寄せながら発言者を見つめる表情は、いまｉｐａｄをのぞき込んで当時の自分を探す仲宗根さんの表情と瓜二つだった。私は、写真の該当者にようやく巡り会えたと確信した。

「これが私。真剣な顔をしている私という感じがしますね」
仲宗根さんもほっとしたように私に目を向けた。

## □校風だった公開討論会

翌日、私は仲宗根さんと読谷高校のグラウンドに立ってみた。周辺の佇まいはすっかり変わってしまっていて、記憶に残っているものといえば、いまの県道六号線に沿った南側の石塀ぐらいだった。片隅にあった木造平屋建て校舎や二階建てコンクリート校舎は取り払われ、辛うじてグラウンドにつながる丘の斜面にでんと構えた亀甲墓が太陽に照らされていた。

こんなにも変わってしまえば、高校生だった仲宗根さんたちがこの校庭でどんな議論をしていたのか忘れてしまっても仕方ないかなと思ったりもしたが、仲宗根さんは昨日のことのように生き生きと語り始めた。

「先輩たちが作ってきた伝統だったんですよ。公開討論会だから誰でも来ていいんですよ。主催は生徒会なんですが、通りすがりの人が意見をいってもいいし、周りで、まあ傍聴席みたいなのがあるんですけれども、発言者以外の人が手を挙げて発言してもいいし、自由だったんですね。誰でも参加できるから校庭なんです」

「なるほど。教室だと限られてしまうけど、校庭だったら誰でも自由に集まることができるし議論にも参加もできると?」

「教室でもやりました。クラスごとですけど。でも校庭というのはそれが公開討論会だったからなんです。体育館なんていう立派な設備もありませんでしたから。授業で使う机やよく卒業式のときに使う椅子を持ち出してきて校庭でやると。いつから始まったかは分からないんですが、何か問題があれば議論をしてみんなで作り上げていく、公開討論をして意見をまとめていく、そういう校風があったんです」

自分が撮った写真のネガホルダーのタイトルには『一九六九年一一月六日 読谷高校公開討論会』とある。いつ、どこで、どういうことが行われていたかは分かるが、どんないきさつで、どんなことが議論されていたかを写真はしゃべらないし、語らない。あの日、私は写真を撮ったが、「校庭討論会」が習慣になっていて、問題があればそれをみんなで議論し意見をひとつにまとめていくためだったと知って、改めてあのときの写真に新しい息吹が注ぎ込まれたと思った。

「仲宗根さんはどんな立場だったんですか?」

「私は一年生でした。生徒会の美化委員の副委員長でしたから、主催する側にいました」

生徒会には仲宗根さんのような美化部もいれば弁論部や野球部といった文化・スポーツクラブの部長や各学年のクラス代表も参加していた。総勢で三〇数人。飛び入りが多ければ多いほどテーマは生徒たちの関心が高いものだった。

「このときの議題は何だったんですか?」

「B52の問題でした。ここはとっても嘉手納基地と近いんですね。そしてしょっちゅう爆撃機や戦闘機が飛んでいる。自分たちも爆音は本当にうるさいと思ってましたし、学業にも支障が出るくらいでした。授業が何度も中断するし、通常ではあり得ないことが米軍支配の中で起こっていることに対する理不尽な思いで、これは本当に他人ごとではなく自分事として考えていこうと、これだけ生活が脅かされたり命を脅かされたり授業を脅かされてることに対して、高校生も真剣になって議論していこうじゃないかっていうことがあって、何度か討論会も開かれてきたんですね。そこにB52という爆撃機が墜落した、もう本当に怒りましたね。もうあと何百メートル離れていたら、民家に墜落したんじゃないかと思うような近さで、本当にあのフェンスのすぐ近くで大きな穴が開いてて、黒こげになっていて、だから怒りましたね」

五三年前に起きたできごとをついいましがた起きたかのように表現する仲宗根さんの言葉の勢いに私はたじろぐ思いだった。そして、太陽光で反射するｉｐａｄを左手で覆いながら拡大した自分の写真に右手の指先を乗せながらこんなことをいう。

「そんな怒りが吉岡さんが撮ってくれたこの写真にも表れていると思います」

ｉｐａｄには討論会の全景だけではなく、二～三人が体をよじりながら言葉を交わすシーンや手振りを交えた発言者の動作、それに耳を傾ける生徒たちの表情を捉えたものなど三一枚の写真が収められている。その一枚一枚にも「あ、良美だ」「これはモリオかも…」などと仲宗根さんは口にしながら画面をスライドさせていったが、いずれの写真にも刻まれている暗い目線や額のしわひと筋ひと筋が当時の高校生の「怒り」を物語っていた。

画面から目を離して天を仰ぐと、一〇月だというのに沖縄では真上に来ていた太陽がいまも容赦なく校庭を照りつけていた。

「あの日は今日と違ってカンカン照りじゃなかったですね。曇った天気で、そんなに蒸し暑くもなかったのかなっていう記憶があります」

「そういえば、この写真を撮ったのは一一月でしたからね」

「そうですね、暑くもなく寒くもなく」

沖縄も、さすがに一一月の声を聞くと気温は下がる。といっても、昼間は汗ばむほどだから寒いというわけではない。しかし、一一月と聞くと、私にも強く、そして不安で、鮮烈な記憶があった。

# 第二章　驚愕の「B52墜落・爆発事故」

「大変だよ、B52が墜落、爆発したんだ!」

慌てて取った受話器の向こうからうわずった声が聞こえてきた。

それは、一九六八年一一月一九日の朝八時ごろのことだった。那覇市の国際通りに面したホテルに滞在していた私は、初めて行われた主席公選選挙を通してずっと痛感させられていた沖縄の人々の復帰への焦がれや主張に刺激されっぱなしだったということもあって、熟睡さなかの電話だった。

「いつですか?」

「今朝、今朝の四時一五分」

「え、どこでですか?」

「軍用道路一六号線沿いの嘉手納基地滑走路上だよ!」

声の主は選挙取材でお世話になった『沖縄タイムス』嘉手納支局長の玉城真幸さんだった。墜落からすでに四時間が経っていたが、すぐ来て見ろよ、といわんばかりの緊張した声に、顔も洗わずに私はカメラバックを担いでタクシーに飛び乗ったのだった。

墜落・爆発事故から五時間後、機体は砕け爆撃機の面影さえなかった（1968年11月）

## □無残に散った「黒い怪鳥」

Ｂ５２のことは知っていた。思い通りに進まないヴェトナム戦争に、アメリカが起死回生策といわんばかりに投入したのがＢ５２戦略爆撃機で、通常爆弾以外にも巡航ミサイルや核爆弾の搭載も可能といわれていた。沖縄に常駐するようになったのはこの年の二月のことで、大重量の爆弾を積んでいたこともあってＫＣ１３５が空中で給油するという離れ業を演じながら、連日、沖縄から二五〇〇キロも離れたヴェトナム攻撃に飛び立っていた。標的にされたのは町や村、幹線道路、物資や武器、解放戦線の兵士らが行き来していた「秘密の回廊」ホーチミンルート、それに橋梁や発電所、浄水場といった生活インフラだった。真っ黒な機体から「黒い怪鳥」とも「死の鳥」とも呼ばれ、私が初めて沖縄を訪れたとき、真っ先にレンズを向けた対象もＢ５２だった。

そんな爆撃機が墜落・爆発したのだ。否応なくそのすさまじさを想像しながら軍用道路一号線（現在の国道五八号）を北上したのだった。タクシーが止まったのは那覇に始まる軍用道路が知花方向に向かう軍用道路一六号線（現在の県道一六号線）に分かれる嘉手納ロータリーを過ぎたあたりだった。そのとき、フロントガラス越しに見えたのは、車両一台分が通れるほどの距離を空け、あとはＭＰ（憲兵隊）カーと軍用車両が道路を遮断、その前に五人の武装した憲兵らが立ち並ぶ姿だった。それはまた、軍に何かあれば、普段は地域住民たちの生活道路がすぐに封鎖されてしまうという「軍事優先」を画に描いたような図式だった。仕方なくタクシーを降りた私は住宅街を小走りに駆け抜け、事故現場が見渡せる場所でかつ軍に写真撮影をチェックされにくい草むらに潜んでシャッターを切った。

そのときの一枚が望遠レンズを使って撮ったもので、滑走路の縁からフェンスの間に広がる一〇メートルはあろうかという大穴を見つめるひとりの軍人の写真だった（P28－29）。墜落現場は爆発の強さを物語るかのように大きく地面が抉られ、「黒い怪鳥」の名残といえば先端部分が欠けた尾翼が天を突く以外は見当たらず、墜落・爆発がいかにすさまじいものであったかを物語っていた。

## □「あ、ついに〈死の灰〉が…」

二〇二一年一一月。私は、あのとき電話をくれた玉城真幸さんと嘉手納基地のフェンス脇を歩いた。事故から五三年。お互いそれだけ歳を重ねたが、不思議とそんな感じは抱かなかった。二人の容姿のことではない。歩きながら眺める嘉手納基地のことだ。B52が墜落・爆発した現場は二〇〇メートルほど先だったが、玉城さんが足を止めてフェンスの看板を指さす。

「こういうものを見るのは、大変きついわけ」

人差し指の先には英語と日本語の併記で『警告　合衆国空軍施設』「施設司令官の許可なく立ち入った者は刑事特別法違反」とあり『軍用犬により巡視される』とあった。

「単なる警告文ではあるんだけれども、軍用犬により巡視されるというのはひどい話だと思う。犬がさ、見てます、犬がさ、見てます、追っかけますよっていう意味さね、これは非常に悲しい警告ですよ、うん、許されない」

「こういう発想は復帰前から変わらない？」

「復帰前から変わらない。もっときついのは、近づくと発砲しますっていうのがあったけど、さすがにいまはそれはない。だけどこういう軍用犬に巡視されるというのは犬と同等という意味ですからね、差別というか…、復帰したあとの基地の管理は日本政府なんですよ、日本政府が嘉手納基地をアメリカに提供している、だとすれば、こういう表現はおかしいと普通は感じないかなあ、日本という国は、と思いますね」

確かにその通りだ。しかし、玉城さんの言葉を理解するには多少の注釈がいる。

沖縄の基地は嘉手納を含めそのほとんどが沖縄戦で住民が避難している間に米軍が強制接収して造ったものだ。元々は自分たちの私有地なのに勝手に取り上げてしまって、しかも、そこを犬に巡視させるとはどこまで人を馬鹿にした話か、と玉城さんは怒り、さらに、復帰したいま、基地の管理責任者は日本政府となったのに、その日本政府までもが犬で沖縄の人たちを監視するとはどういうことかと、その根底に潜む日本政府の沖縄を見る目に怒っているのだ。

玉城さんが見せる怒りの表情の向こうに嘉手納基地の滑走路が見えてくる。私たちが歩くフェンスのこちら側は歩道と車道が整備され、ときの移ろいというものを感じるが、フェンスの向こう側に広がる風景は昔とほとんど変わらない。相変わらず戦闘機が離着陸訓練を繰り返し、その合間に輸送機が離発着する。

「真っ黒い機体のＢ５２という爆撃機が毎日毎日爆弾を両脇に詰め込むのは見ていたもんだから、確か自治労が〈黒い殺し屋〉という名前をつけたかな、当時。それで新聞も〈黒い殺し屋〉っていう言葉を見出しに使ったりしたんですけれども、毎日そんな不気味なＢ５２を目の前にして危ないんだ、危ないんだっていいながらあの事故に繋がったんだから、それはもう普通の飛行機事故とは及びもつかないぐらいの恐怖でしたね」

歩きを止めたので玉城さんを振り返ると、その目がフェンス内にある滑走路のいちばん端っこ、最初の誘導灯が立つあたりをジョギングする米兵を捉えていた。

「いま走っている人がいますね、うん、うん、あの辺だ」

あの辺、というのは、あの日、玉城さんからの電話で駆けつけた私がファインダー越しに捕まえたB52の墜落・爆発現場そのものだった。

「大事故のあった日のことは、いまも覚えていますか？」

「未明だ。自分がいた（沖縄タイムス嘉手納）支局のドアをどんどんどんどんと叩くような音がしたんだ、酔っ払いがドアを叩いていると思っていたら、さにあらんや、開けてみたら、もう人がいっぱい支局の周りに出ていた。要するに、どんどんどんどんという音は、B52が落ちたときの爆発音だったわけ。しばらくすると、空の方が真っ赤になっていて、これはB52の火柱が雲にかかったから赤くなったんだろうと思うけど、みんなが空を見上げながら、その燃えているような色の世界にびっくりしていたら、今度は上から土みたいなものがパラパラって。支局から一〇〇〇メートルぐらいしか離れていないところに知花弾薬庫というのがあって、そこには核兵器があるっていうことを前提に（嘉手納村民は）生活していましたし、私たち新聞も、B52は核兵器搭載が可能ということでずっと報道し続けてきた。それだけに、真っ先に、あ、ついに〈死の灰〉というのはこれなのかなと。もうこれは大変なことになったと私自身もパニックに陥って、それこそ記者であることも忘れて。上から落ちてくるものを避けるようにしながら、でも逃げ場が、もしそれが〈死の灰〉なら逃げる場所がないんです」

一気に吐き出すようにしゃべる玉城さんの声には、まさに今日の朝起きたかと思わせるようなリアルさがあった。どんどんどんどんという音、真っ赤に染まった空、パラパラ落ちてきた土のようなもの……。これらを結びつけていけばその先にある結論はただひとつ。核が爆発したのでないかという恐怖しかない。

そして、冗談ともいえない話が続く。

「で、そのまま近くにあった嘉手納署に駆け込んだら、そこの留置場を担当している刑事が、記者さん、記者さん、よく来てくれたと、核兵器が落ちたならば、どうせ死ぬ。ならば留置場にいま三名が入っているけれども出してくれっていってるので、どうしましょう、って僕に問いかける、私もどうしていいか分からない、そんなやりとりしているときに警察署長が戻って来て、どうも核兵器ではないらしいというから、その刑事は留置場に三名を戻して鍵をかけるという騒ぎもあったんです」

核爆弾が落ちたと信じた人たちも多かった。それはこんな光景を目にしたからだ、と玉城さんはいう。

「米軍は道路をみんな遮断してしまった、嘉手納を通るこの道路も、軍用一号線から入れないようにみんな遮断してしまった。それだけでパニック状態になってしまったんです。閉じ込められてしまったんだって。だから一刻も早く逃げようと、隣近所には荷物を持って家を出る人もいるし、その準備をする夫婦もいる。で、さらにはもう全員が死ぬんだったら、晴れ着に着替えようというお家が出たり、あるいは新興宗教の人たちは総本山のアレを持って、位牌ね、みんな持ってですね、逃げようとして、もうそこまで来ていましたね」

記者であることを忘れた玉城さん自身はどうだったのか。

「私には子どもがふたり、男の子がいましたから、家内に逃げる準備しようっていったら、こんな状況でどこに逃げられるかと。つまり、家内も僕も言葉には出さんけれども、核が爆発したのなら大騒ぎしてももう逃げ場はない、ここで死ぬしかないというのを覚悟していたんですね、非常に何か空恐ろしさを感じよったですね」

死ぬ覚悟をしたという玉城一家。だが、私はあえて聞いてみたいと思っていた質問を口に出した。いまだから聞いても構わない気がしたからだ。それは記者という仕事を生業にしてきた玉城さんが、なぜパニックに陥ってしまったのか？

「B52は核兵器を積んで、ヴェトナムをパトロールしているということをしょっちゅう記事に書いていましたしね、実際また外電もそう伝えたりしていましたんでね。何ていいますかね、あれこれ計算して記事にしたというのではなく、B52が落ちた瞬間、もう、あっと思ったんですね、核を積んだB52が落ちたんだと、爆発したんだと思った」

うーん、分かる。復帰前の沖縄では、基地はメディアの取材対象ではあったが、基地ある故の事件や事故が起きれば、記者もまた容易に被害者にもなり得る場所にいたからだ。

「生きるか死ぬかっていう、そういう何か冷静に判断できないできごと、そんなとき人間はみんな騒ぐけれども、それは何をどうしていいか分からないからです。実際、ガラス窓もみんな割れたりしましたからね、爆風で。あまりのショックで言葉が出なかった婦人もいましたし、人間、そういう瞬間を突きつけられると、核じゃないかとか、もう生きるか死ぬかだけだとなると慌てふためくだけです。もちろん私も自分が記者であることなどはいっさい吹っ飛んでしまって、みんなといっしょにわあわあ騒いでいたというような状況でしたね。そこを冷静にやれるっていうのはあり得ないんじゃないのかな、いざというときに、人間は」

基地と共存する、いや沖縄の場合は基地の成り立ちを考えれば共存させられてきているわけだが、それだけではなく、日本の施政権が及ばない当時の沖縄は「基地あっての沖縄」といわれるぐらい何事も軍事が優先される時代だった。共存するというのはそういう中に閉じこめられた人々の感情をも共有することだということを私は実感するしかなかった。

「一歩間違えば、あと一〜二分というところでしょうね、そこはもう知花弾薬庫ですから。そこに墜落していたらと思うと、もう生きてはいられなかったでしょうね」

あと一〜二分といわれても、事故現場を見渡せるフェンス前からは鬱蒼とした雑木林に邪魔されて、玉城さんのいう肝心の知花弾薬庫（現嘉手納弾薬庫地区）を見渡すことはできない。軍用道路一六号線を挟んで飛行場と弾薬庫が並んでいるということは当時からもちろん知っていたが、その両方をいっぺんに眺め渡すということは不可能だった。そもそもそんな場所があるのか？　私の疑問を感じたのか、玉城さんは上に行ってみようと私を誘った。

## □疑心暗鬼の日々

私たちが向かったのは墜落・爆発事故の現場から北北西におよそ五〇〇メートル離れた丘の上。車はぐるっと回って行くしかなかったが、行き止まりとなった丘の上には、嘉手納、北谷、読谷の三町村で構成された比謝川行政事務組合環境美化センター、つまりゴミ焼却施設があり、道路を挟んだ反対側には温室栽培用の畑が広がる。そして、ふたつの基地が同時に見渡せるという建物は道路の脇にあった。使い古された給水塔がそれで、入り口の鍵は壊れていたのでそのまま入れさせてもらう。コンクリートの階段を一歩ずつ踏みしめながら上っていく。不意に右前方が開けてくる。ほぼ一八〇度、見渡す限り嘉手納基地。右方には格納庫が並び、その前を滑走路二本が走る。左に目を転じていくと県道があり、その左には小さな丘やこんもりとした林の合間合間にはコンクリート造りの建物が点在している。知花弾薬庫だ。面積的に見れば二七平方キロの嘉手納基地よりも知花弾薬庫の方がはるかに広大だ。弾薬あっての戦闘機、戦闘機あっての弾薬庫、ふたつの基地が一体となった姿をこの目で確認できたのは初めてだった。玉城さんは五三年前のあのとき、「パラパラっと上から土が、あ、ついに〈死の灰〉が……」と信じてしまったそのわけについて語り始めた。

「ヴェトナム戦争真っ最中だったあの当時、軍関係の取材といえばせいぜい海兵隊の訓練か警備犬の訓練ぐらいだった。肝心な核貯蔵の問題とかは自分で調べるしかないさあね。そういう中で報道してきたのはB52だけではなく、メースBという核ミサイルもあったし毒ガス兵器もある。知花弾薬庫にはウサギやヤギが常に飼われていてガス漏れなどの探知をしていると。こういう話をそこで働いてる人から聞くわけだ。ときにはそこにいた兵隊がガス漏れに遭って大変だったとか大騒ぎになる。そんなわけで、ここにはあらゆる兵器がある。しかも、核兵器があるのかないか、それをいわないのが抑止力だというから、沖縄の人たちはあるに違いないと疑うわけ。何もなければなんでウサギやヤギがいるんだっていってね」

そんな疑心暗鬼の日々の中でB52の墜落・爆発が起きた。だからパラパラと降ってきた土を〈死の灰〉と思ってしまった、というのだった。

## □「この現実が沖縄の現実」

玉城記者が撮った一枚の写真。

普段着の着物を身につけしっかりと両手でバッグを掴んだ老婆。裸足だ。一点を見つめるその表情は何が起きたのかも分からずに恐怖だけが凍りついたかのようだ。まさにその瞬間を捉えたものだ。私の、当時のクライアントでもあった『アサヒグラフ』(一九六八年一二月六日号)はB52の墜落・爆発事故について玉城記者の原稿とともに六ページの特集ページを組んでくれた。玉城記者はその中でこう書いている。

「あの広大な弾薬庫がつぎつぎと爆発したら、もうどこに逃げても逃げられるはずがない。無性に涙がでて、あまりにも長い時間だった」

「二十三年間の軍事優先の基地の生活とはいえ、あまりにも非情な現実だ。〈この現実がいつまでも十字架を背負わされた沖縄の現実だ〉という言葉だけで、また人々の耳を通り抜けはしないだろうか」

敢えて断る必要もないのだが、この場合「人々」とは施政権が及ばないことをいいことに見て見ぬ振りをしていた当時の日本政府であり、そこに暮らしている（私を含めた）日本人のことだ。改めてこの記事を読み直してみるとき、事故から半世紀以上が経つというのに、玉城記者が書いた「この現実」が、いまに至るも沖縄に背負わされた十字架だといわんばかりに放置されてきていることに慄然とせざるを得ない。

ふたつの基地を目の前にしながら私は、あの日未明に起きた事故をもういちど想像した。爆弾を満載にしたB52。その重い機体が腹の底を抉るような重低音を増幅させながら滑走路を走り出す。飛び立てばその真下は知花弾薬庫だ。そしてそれが、あらゆる兵器があるのではとさまざまな憶測を呼んできたこの弾薬庫地域に落ちたらと想像した瞬間、恐怖以外の言葉が思い浮かばなかった。私は実際の事故現場となった場所から弾薬庫までの距離を目で測ってみた。それは、五〇〇メートルにも満たない距離だった。まさに間一髪だったことに改めて慄然とする思いだった。

## □屋良新主席の「予感」

事故の九日前。

米軍支配下の沖縄で初めて実施された琉球政府行政主席を住民の直接投票で選ぶ選挙で、基地の即時無条件全面返還を掲げて当選した屋良朝苗さんが、米軍が起こした事故の現場に立つのはこれで二回目だった。最初は一九五九年六月三〇日、石川市（当時）宮森小学校に嘉手納基地所属のジェット戦闘機が墜落・炎上したとき。沖縄教職員会会長として現場を見て立ちすくんだ屋良さんは、自分たちが置かれているどうしようもできない立場の危うさを日誌に書き殴った。

『宮森一帯は不慮の事故に阿鼻きょうかんである。トタン屋根三教室燃焼かいめつ、私が行ったときに知れた事は即死六名、病院で四名死亡との事であった。被害の跡を見た。特にせんりつをおぼえたのはブロック二階の一教室であった。Z機の爆発の破片が大小散乱、焼死した子ども等の変わり果てたすがた、二目とは見られない。これも基地なればこそ起る事だ。哀れな沖縄、悲しい被害者等よ、余りにも残念そして痛ましい。人々よ、くやしいだろう、われわれ手の施しようもない、歴史上かつてない事が起きた六月三十日、今日の日忘れる事の出来ない不幸の日だ』(沖縄公文書館所蔵『屋良朝苗日誌』)

それから九年。歴史上かつてないことがまた起きたのだった。屋良さんはまた書く。

『十一月十九日(火)晴　嘉手納B52事故に驚く。現場へは入れなかったが爆風に破かいされ硝子窓の現状を見て驚く。爆風は大変だったようだ。土建ビルと屋良小の幼稚園を見る。さんたんたるものだった。B52のこの事件はまた沖縄に一もんちゃく起す事だろう』(沖縄公文書館所蔵『屋良朝苗日誌』)

事故が起きた日の午前、被害を受けた民家や屋良小学校などを視察する屋良新主席の姿を私もカメラに収めていた。爆風で割れた板塀に眉間をこわばらせ、廊下や机の上に散乱するガラス片など足の踏み場もないほどの惨状に口を大きく開き、「まるで戦場だ、人命に被害がなかったのは奇跡だ」と同行記者の前で声を震わせていたことを私も覚えている。警察署の発表によれば、爆風による被害は三六五棟。嘉手納村議会はこの日、緊急の議会を開いた。

『…就寝中の村民は突如として起こった一大音響に、戦争が起こったのかと恐怖と戦慄の一夜を通した。（略）われわれ嘉手納村民の目前にB52やKC135が駐留していることと弾薬倉庫が設置されている事実とB52が原水爆搭載機であることに思いをいたすときに誠に身の毛もよだつ思いがする。若しB52が弾薬倉庫に墜落したら? 若しB52が原水爆を積んでいたら沖縄県民の犠牲は想像を絶するものがあったであろう。（略）米軍当局に対し腹の底から怒りを込めて厳重に抗議すると共に人間の不幸の根源であるB52といっさいの軍事基地を即時撤去するよう強く抗議する』

との抗議決議文を全会一致で採択、手書きの原本を米国大統領、国防長官、上下両院議長、琉球列島高等弁務官、空軍師団司令官、嘉手納基地司令官、そして日本の内閣総理大臣、衆参両院議長、沖縄の行政主席、立法院議長と日米琉のあらゆる関係者に送ったのである。

立法府ではあまり使わない『戦争』『身の毛もよだつ』『腹の底から怒りを込めて』などというその場にいなければ湧き出てこない感情に満ちた表現に、B52の墜落・爆発という大事故の深刻さが込められていた。

そして、屋良さんが日誌に書いた『この事件はまた沖縄に一（ひと）もんちゃく起す事だろう』という言葉通り、事件はあるべき復帰を求めて盛り上がり始めていた沖縄の世論に油を注ぎ、それは早速その日の夜から燃え広がっていくことになったのである。

## □「あれは交通事故のようなもの」

『核基地即時撤去』『米帝帰れ！』『金ヨリ命』などという文言に混じって、怒りが一刻も早く米兵にも届くようにという思いを込めたのだろうか、『YANKEE SMASH（ヤンキーやっつけろ）』『YOUR WIFE DO NOT WANT WAR IN VIETNAM（奥さんもヴェトナム戦争反対だぞ）』などと英文で書き殴ったプラカードも目につく。B52が墜落・爆発したその夜、急遽、嘉手納中学校校庭で開かれた抗議村民大会には五千人が集まったが、会場は異様な雰囲気に包まれていた。にわか作りの演壇に立ち、衝撃と畏怖がない交ぜになったスピーチが延々と続く。そんな中、ひとことも聞き逃すまいと参加者たちは「B52帰れ！」「米軍基地撤去！」などと墨で書かれた手ぬぐいを鉢巻き代わりに巻き新聞紙を敷いた地面に足を組み視線を落として聞き入る。村民始め教職員や大学生、裁判所所員など参加者はさまざまだが、支配しているのはお通夜のような静けさだ。それが事故の深刻さを表していた。全員の拍手で大会決議案が採択されると、さっそく待機していた機動隊が二重三重の壁を作りながらデモ規制に動く。立ち止まり基地に向かってシュプレヒコールを上げようものならすぐさま取り囲む。基地沿いの道路がデモコースということもあり、警察はことのほか神経をとがらせていたのかも知れない。

一方、ヴェトナム戦争継続中の米軍にとってB52は主力爆撃機だった。そのせいか、事故から四日目には早くも爆弾を満載して飛び立つなど、沖縄は最前線基地そのものだった。フェンスの外側で盛り上がるB52撤去の声を知ってか知らぬか、基地司令官は「あれは交通事故のようなもの」と一蹴、そのことが「基地を容認する限り、再発防止の要求は迫力を持たない！」と、皮肉にも基地の完全撤去を求める新たな声となって跳ね返ったのだった。嘉手納村から始まった抗議行動は、当時、最大の「産業」とまでいわれた基地労働者をも巻き込みながら、B52撤去にはゼネストでという怒りの最大公約数となって強風に燃え広がる野火のごとく沖縄を席巻していった。

## □最初の沖縄〈懐柔策〉

沖縄に降り立って一ヵ月半という私にとって、目まぐるしく展開するできごとの早さと激しさには驚かされるばかりで、レンズが捉える対象も当の嘉手納村民から基地労働者、新主席となった屋良朝苗へと広がり、シャッターを切る回数も増えるばかりだったが、その真実は、というと、ゼネスト決行か中止かを巡って米軍や日本政府をも巻き込みながら二転三転する沖縄の現実に追いついていくのがやっとという状態だった。

しかし、ゼネストはその決行二日前に突如中止となった。B52撤去という目標は共有していたものの、嘉手納村では米軍に住宅を提供していた住宅組合や商店街が、基地労働者には参加者は全員解雇という基地司令官の警告がゼネスト決行を躊躇させたのだった。それは行政主席に就いたばかりの屋良にとっても同じだった。「ゼネストを断行すれば直接に影響と被害を受けるのはむしろ民間自体ではないのか。そうなれば誰がその損失被害について責任を負い得るのか」と一度も経験したことのないゼネストへの不安と懸念を払拭できないまま上京、日本政府からB52撤去の見通しを得ようとしたが、ヴェトナム戦争支持の立場にある日本政府にとっては逆にゼネストが基地機能維持の障害になることは避けねばならず、スト決行にはやる沖縄をなだめるには観測気球を上げるしかなかった。いまや常套手段ともなってしまった政府の沖縄懐柔策だが、それを担ったのは木村俊夫官房副長官。彼はこういったのだ。

「ヴェトナム戦争は遅くとも七月には終わる。そうすると遅くともB52もそれまでには撤去だろうとの見通しだ」

確たる根拠はひとつもなかったが、この言質を取った屋良は帰郷、「本土政府は前向きだ。信頼できる筋の話によると、B52は七月には移動する」とゼネスト主催者側に伝え回避させたのだった。

土壇場で幻と化した「二・四ゼネスト」。B52はこの日も飛び、この飛行部隊が撤退したのは一九七〇年一〇月。しかし、復帰直後から再び飛来が始まり、ヴェトナム戦争が終結する一九七五年まで爆撃行は続いたのである。

## □レンズで捉えた高校生の「悲鳴」

琉球新報社の大ホール。そこに響き渡る高校生弁士たちの訴え。

沖縄の人々にとって復帰は悲願だった。だが、「二・四ゼネスト」が図らずも浮き彫りにした日本政府の懐柔策を機に、これまでの復帰運動やその考え方を考え直す議論が湧き上がる一方で、自分たちの未来を胸に描きながら、現状を変えようと訴える必死な表情にカメラを向けたのは、幻のゼネストから五日後のことだった。それは、私が高校生に出会った最初の瞬間でもあり、沖縄の「いま」を記録するひとつの明確なテーマに出会った瞬間でもあった。

☆

黒い殺人機B52が沖縄に居座ってから一年目を迎えようとしています。墜落事故を境にゼネストを計画するまでになりました。このような盛り上がりの中でいろいろな人が上京し、本土政府にB52撤去を訴えました。そして、回避の条件にB52撤去六、七月説が挙げられました。

しかし、本土政府は私たちへゼネスト回避を求めただけで、肝心のB52撤去を強力に要請することはしておりません。生命を守るために計画されたゼネストが、あのような形で回避されていいものかどうか、高校生の私には決行して欲しかったとしかいえないのです。

初めて聞いた高校生の「叫び」（1969年2月）

しかし、回避された現在、私たちのなすべき事はゼネストへ向けて結集された県民の力を祖国復帰の日まで持続させることです。高校生の私は、明日を引き継ぐ青年として強く訴えます。（首里高校二年 高良なるみ）

B52爆発、コバルト60、燃える井戸、米兵による殺人、爆音、そして特殊地帯の生活…。もうたくさんです。

私たちも日本国民として人間らしく生きてゆきたいのです。私たち高校生も未来を担う者の責任において、いまこそ立ち上がらなければいつまで経っても祖国復帰は実現しないのです。みんなで力を合わせて立ち向かえば、どんなことだってやっていけると信じます。（読谷高校二年 山内淳子）

「基地撤去？ とんでもない。明日の生活はどうなるんだ」

「じゃ、父さんは経済のためには人殺しの手伝いでも何でもするというの？」

「でもお前、基地があるからお前も大学に行かせることができているんだぞ」

「もういいよ、父さん、そんな金で大学に行くなら乞食になったほうがいいんだ」


買い物帰りのことでした。親子の突然の大声に思わず立ちすくんでしまったほどです。沖縄には現在およそ五万人の人々が基地労働者として働いています。基地収入が沖縄の経済を潤していることは事実です。でも私は、基地経済は底の浅い不安定なものだと。危険性を伴った豊かな経済よりは、乏しくても安定な経済が必要なのではないでしょうか。

貧しくてもいい、平和な家庭を望むことのように。(前原高校二年 森田京子)

祖国を持たない私たちのこの苦しみはミニスカートをつけ、ゴーゴーを踊りテストや入学試験のことばかり考えている本土の高校生には理解できないでしょう。緑の山は弾薬の山となり、珊瑚礁の海も原子力潜水艦が出入りし、町はアメリカ兵相手のバーやキャバレーが建ち並び、先祖のお墓は金網の遙か向こう…。

私たちは、これ以上我慢することはできません。もう危険を枕にして寝ることはイヤです。私たちの祖国はアメリカでもどこでもなく日本なのだということを本土の人たちに訴え続けなければいけない。(前原高校一年 宮城節子)

ゼネストの挫折、増え続ける基地ある故の犯罪、その一方で、基地に頼らなければやっていけない生活、だからこそ祖国日本に帰りたい…。こんな自分たちの思いを本土の高校生は知っているだろうか、と痛切に問う沖縄高校生たちの声を背に、私はいったん東京に戻ることにした。

雲の合間から都会の灯が近づいてくるのに比例するかのように、いままで体の中に染みこんでいた沖縄での熱い異様な日々や、怒り、嘆き、悲しみといった人々の痛切な体験や訴えが急速に遠のいていくのを感じていた。別の言葉にいいかえれば、沖縄の現状をより冷静に見つめることができた、ということなのだが、そのことは同時に、日々動き回る物事、安心や安寧という瞬間すらないほどの緊張感にあふれた沖縄にこそ、いまの自分の居場所があるのではないかと率直に思いもし、そういう日々の中で撮影とは、取材とは、そして何よりも沖縄に暮らすということはどういうことなのかを自分の仕事の原点にしようと、最終的に決心したのだった。

# 第三章　秘密の会合

「カメラマンですか？　どんなものを撮影に？」

「沖縄の祭りとか風習とか、生活ですね」

私にとって東京・有楽町駅近くにある交通会館は馴染みの場所になっていた。初めてパスポートを取得したのもここだったし、沖縄に行くのもその渡航の制限・管理は施政権を握っていたアメリカにあり、そのためのパスポート代わりとなる「身分証明書」の発給もこの会館内の窓口が担当していた。というわけで、沖縄から戻るやいなや三回目の申請となったのだが、少なくとも復帰までは住み続ける覚悟だったので滞在希望期間も最長の一年を選択、職業欄には「カメラマン」と正直に記入した。

「そうすると、文化活動者ですね。これは現地照会となります」

係官はそういい書類を受理した。

現地照会とは身分証明書そのものは日本政府が発行するものの、沖縄に立ち入ることができるかどうかは現地の琉球列島米国民政府（ＵＳＣＡＲ）のしかるべき担当部署が判断する、と説明された。

有り体にいえば、私に反米的な活動履歴があれば不可能、というものだった。これまで二回は問題なく入域できたものの「現地照会」という新たな用語に一抹の不安を抱きながら、窓口担当者に「文化活動者」と分類されたのはきっと「沖縄の祭りや風習」と答えたことにあるのだろうと想像したことを憶えている。さらにいえば、沖縄は日本の歴史や習俗とは大きくかけ離れていて、そういったものを日本に伝えるということは沖縄を永久に統治したいと願うアメリカの理屈にも叶っているはずだ、と勝手に想像した。つまり、沖縄は日本ではないというアメリカの立場だ。だったら逆に許可も簡単に出るに違いないと思っていたのだが、いくら待っても渡航許可通知は届かなかった。生活資金も底を突き、東京のアパートを引き払った私は信州の田舎に帰り、忙しくなり始めた農作業の手伝いをしていた六月始め、ようやく身分証明書の発給通知を受け取ったのだった。

「松竹荘」。

私が生活の拠点としたアパートは那覇市の中心を流れる久茂地川を北に一本入った場所にあった。『沖縄タイムス』の当時の写真部長、兼島由信さんが借りてくれたものだったが、驚いたことに、そのアパートは五〇年以上経ったいまも残っていた。鉄筋三階建ての壁に書かれていた「松竹荘」という三文字は、ようやく読めるほどにかすれてはいたが、私はタイムスリップしたかのように外階段を駆け上がり、三階いちばん奥のドア付近まで近づいた。そこが私の暮らした部屋だった。懐かしさの余り思わずドアノブに手が伸びそうになったが、ドアの内側には台所を兼ねたリビングがあり、その奥は畳の部屋という一ＬＤＫだった。家賃は月三五ドル。当時は固定レートで一万二六〇〇円。南側の窓を開けると、真下には赤瓦の民家が見えたものだったが、いまはすでになく、高く新しいビルに挟まれる格好でアパートだけが年輪を重ねてきていた。

住むにあたって早急に必要としたものはふたつあった。ひとつはテレビ。ちょうどこの時期は、沖縄返還を巡る国会議論や日米協議が始まっていた。一一月には佐藤栄作首相が訪米、ニクソン大統領との首脳会談で返還に関する共同声明を発表することなどが取り沙汰され、こういったニュースはどうしても見ておきたかったことが最大の理由だったが、受像機を買う余裕がなかったこともあって、町場の電気店から月五ドルでレンタルした。そしてもうひとつ急務だったものが撮影や取材で走り回る車だったが、これも知人を介して五〇〇ドルで中古車を手に入れた。

その車でまず向かった先はやはり嘉手納基地だった。やはり、と書いたのは、何といってもB52の姿を確認したかったからだ。なぜなら、幻となった二月四日のゼネストも、そもそもは「B52は七月には撤去」という日本政府の見通しを信じたからだったし、その政府自身、事故をきっかけに先鋭化していた沖縄の復帰要求が「反戦・反基地」の方向に固まっていくことへの危機感もあってか、三月には「米側との返還交渉には格抜き・本土並みで臨む。返還後の沖縄には非核三原則が適用される」と国会で初めて表明していた。核搭載も可能な戦略爆撃機B52の去就は「持ち込まず」という言葉の意味を巡っても注目されていたからだ。

開けっぱなしにした車窓を通して地響きかと思わせるB52のエンジン全開音が聞こえてきた。嘉手納基地第一ゲート前を通過したあたりだった。腹の底に残るような独特の低重音は一度聞いたら忘れられない。滑走路の南西端には二機の「黒い殺し屋」が知花弾薬庫のある北東方向に向かってちょうど飛び立とうとしていた。私は全速で車を走らせた。そして、弾薬庫内につながっていく誘導灯が軍用道路一六号線と交差するあたりで車を降り、いかにもエンジン不良で故障したかのように見せるためにボンネットを開け、その陰に隠れながら真っ黒な胴体を堂々と見せながら飛び立つ姿にシャッターを押し続けたのだった。

嘉手納基地の何も変わらないヴェトナム戦争への出撃基地としての日常が、そこにはあった。そのことが大きな動機となって沖縄に暮らし始めた私がまず知っておきたいと思ったものが戦争下にある米軍の実態だった。それは基地そのものの姿であったり、部隊再編や疲弊した一時帰休兵の姿であったり、長引く戦争に疑問を持った兵士たちの姿だったりとさまざまだったが、B52だけには変化はなく、七月が過ぎても八月が過ぎても九月が来ても相変わらず重い爆弾を抱えながらようやっと離陸できたかのように飛び立っては爆撃行に向かうのだった。

事故から一年経ってもいつまた起きるかも知れない不安や恐怖は基地を抱えた嘉手納村民だけではなく隣村の読谷でも同じだった。基地と共存させられた人々が語る言葉のリアルさは、それから五三年経ったいまも変わっていなかった。

## □基地は隣り合わせ

「いちばんは恐怖でした」

読谷村残波岬。珊瑚礁の隆起でできた台地はゴツゴツしていて歩くのも気を遣うが、読谷生まれの仲宗根京子さんにとってこのあたりは通学路でもあり、生活範囲だった。自宅から六キロほど離れた嘉手納基地でB52が墜落・爆発するという事故が起きたときは中学三年生だったが、その記憶はいまも鮮明だった。

「怒りと恐怖心。もしこれが、本当にもう何百メートルしか離れてないところに民家があるので、民家にでも落ちてたらとても大変なことになるということで、自分たちの日常生活どころか命が脅かされるし。でも、当時、私には核とかっていう意識はなくて、とにかく重い爆弾を抱えた爆撃機がヴェトナムに飛び立つ、自分の目の前を飛び立つ飛行機が、テレビのニュースを見るとヴェトナムでどんどんどん爆弾を落としているって、そういうのが日常でしたから、全然、衝撃が違いましたね」

衝撃が違う、とは連日爆弾を満載にしてヴェトナム攻撃に出撃していたB52そのものが、あろうことか自分たちが住むすぐ脇に落ちたという現実に対してだ。そうでなくても子どものころから米軍基地は隣り合わせにあった。

「通学路なので風邪向きがちょっと違うと高いところから落下傘が目の前にぽんぽん降りてくるんですよ、訓練中の兵隊さんがぶら下がった。だから危ないなと思いながら、でも学校へ行かなきゃいけないし、だからその合間を縫って通学したこともあるし、小学校は米軍が上陸した近くにあるので、小学生のときには校庭にも不発弾がごろごろしてて、下級生がごみを捨てに行ったときに目の前で爆発して指を飛ばされて血だらけになって、先生が慌てて保健室に連れて行くという現場に遭遇して、戦後なのに戦後ではないという経験や思いがずっとありました」

読谷村の資料によると、沖縄戦終了直後、強制接収された米軍基地面積は村全体の九五%、その後、サンフランシスコ条約で沖縄が米軍の支配下に正式に組み込まれた一九五二年以降は八〇%に減ったが、依然大部分が基地だった。

「両親が生まれ育った場所は古楚辺と書いてフルスビというんですけど、そこが戦争で避難している間に占拠されて、戻って来たらもう全部トリイステーションという通信基地になっていた。それにこの残波岬一帯は射撃場でナイキとかホークの基地がありました。そこにはミサイルの発射基地もあって、目の前にはカバーもしないでミサイルが裸のまんま、むき出しのまんまトレーラーで運んだり、ミサイルの発射訓練があるときはもう本当に窓ガラスが壊れるんじゃないかなと思うぐらいびりびりっていう音がすごかった。ほかにも家の後ろをキャタピラ戦車が走ったり、防弾チョッキをつけた兵士たちが訓練で移動するみたいな、そういうのが日常生活の中にしょっちゅう入り込んでいました」

## □殺害遺体の第二発見者

観光名所ともなった残波岬の灯台に上って四囲を見渡すと、東シナ海はどこまでも青く澄み渡り、眼下には海を背にゴツゴツした石灰岩の上に構えた御願所（ウガンジュ）で手を合わせる複数の人々がいる。目を陸地の奥に遣ると、ふたつの赤い屋根瓦の向こうに巨大なリゾートホテルがそびえている。灯台から眺める残波岬の一帯は大きく変化した。いまではリゾートアクティビティパークという名前までつけられ、休日ともなれば駐車場は「わ」や「ら」ナンバー車であふれる。私が沖縄に暮らしていた復帰前後はボーロポイント射撃場、読谷補助飛行場、楚辺、トリイ、瀬名波、大木サイトとしていった各通信所、陸軍補助施設、そして知花弾薬庫の一部などそのほとんどの土地は米軍基地とその関連施設が占めていた。

仲宗根さんが不意に出くわしたという迷彩服を着けた兵士たちのパラシュート降下訓練というのはヘリコプターを使ったもので、目的地は読谷補助飛行場のはずだったが、風向きの加減でしょっちゅう通学路にも舞い降りたというわけだった。

また、窓ガラスが壊れるのではないかと心配するほど音を響かせたというナイキやホークミサイルの発射訓練は私もよく憶えていた。というのも、基地の中では日々どのような活動や訓練が行われているのかどうしても知りたかったこともあって、時折、米軍が見学と称して沖縄のメディアを基地内に招待したときには、何とか私も潜り込もうとした。そのひとつがミサイル発射訓練でカメラに収めたのだった。冬だったせいか、海風を避けようとコートに身を包んだ将校夫人たちも集まっていて、双眼鏡を手に発射訓練を見守っていた。

使われたホークミサイルは長さ一九八インチ(五・三メートル)、直径一四インチ(三六センチ)、重さ一二九五ポンド(五八七キログラム)、燃料は固体推進用燃料などとその性能が書かれた日本語説明板も用意されていた。そして、

発射訓練(1969 年2月 読谷村)

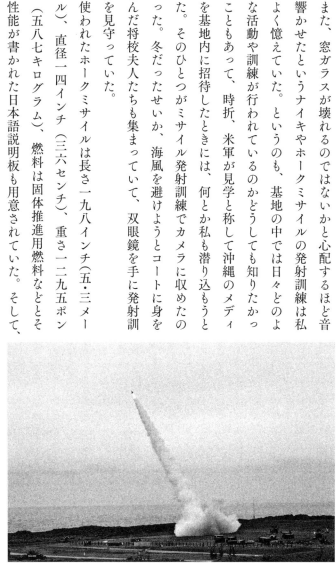

発射間際になるとまず標的物が飛ばされ、カウントダウンと共にミサイルを発射し追跡、爆破するというプロセスのいっさいが肉眼で確認できるようになっていた。発射の際に発する音響は、なるほど仲宗根さんがいう窓ガラスが壊れるくらいだったと私も記憶していた。

そして、仲宗根さんは、実は、と口ごもりながらこんなことを話し始めた。

「由美子ちゃん事件といって、やはり嘉手納で当時六歳だった小学生の女子児童が米兵に強姦されて殺された事件があったそうです。私はまだ二〜三歳でしたから憶えてはいませんが、はっきりと自分の中に記憶としてあるのは、やっぱりあの中学生のときに近所のお母さんが暴行を、米兵に暴行されて殺されて、そのとき私は遺体の第二発見者だったんですけど、結局いちばん理不尽な思いをしたのが第一発見者の近所のおじさんで、容疑者にされてかなり取り調べを受けて、そのとき私は、米兵がやったっていうことはないですか、アメリカ軍を調べてみましたか？って聞いたんですね、警察の人に。そのときに、あっそういうこともありますね、っていうぐらいしか答えなかったので、あまりにもこう何ていうのか、人の命っていうものが平等に扱われていないなっていうやっぱり理不尽な思いというものを初めて感じた事件でした」

「それで最近、友達と基地の話になったとき、当時は米兵の婦女暴行事件なども多発していたこともあって、ミサイルの発射訓練がないときは黙認耕作地といってサトウキビやサツマ芋を作ったりしていたので、仕事するときは男性の格好をして行ったたっていう話しを聞いて、そうだったんだってあらためて思いましたね」

沖縄では黙認耕作地という言葉は日常的に使われていた。軍用地内でサトウキビや野菜などを耕作する畑地のことだ。軍発行の通行証がないと入れないが、そこは基地内ということもあり安心できないというのだった。

基地あるが故に経験する様々な事件や事故。そんな矢先に、戦略爆撃機B52の墜落・爆発は起きた。「怒りと恐怖心でした」という言葉の本当の意味が私には理解できた気がした。

事故から五ヶ月後、仲宗根さんは読谷高校に入学。一年生ながら美化部の副部長になった。そして、B52事故をきっかけに読谷高校では伝統だった校庭討論会が開かれた。

「このとき、仲宗根さんはどんな発言をしたか記憶はありますか?」

「中学生から高校生になるころというのは、そんなに政治のことは詳しくないんだけれども、何かよりどころを求めるっていうか、沖縄っていうのが、自分の近くの友だちのお母さんが米兵に暴行されて殺されても重罪にはならない、本国に送還されて終わりみたいな。そして今度はB52の墜落。そういう通常ではありえないことが米軍支配の中で起こっていることに対するやっぱり理不尽な思い、そういう自分たちが置かれてる立場について甘んじるんじゃなくて、高校生だったとしても声をもっと上げていこうよという発言をした覚えがあります」

「ほかにはどんな意見や考えが?」

「高校生なのに政治的なことをいっていいんだろうかという人もいました。でも結局、自分たちは大人みたいに政治の場には出られないけど、自分たちにできることをやろうということでB52撤去というネームプレートを作って、これを毎日胸に張って出掛けるとか、抗議のリボンをつけて毎日登校するとか、このふたつはやりましたね」

「高校生のそういう行動を学校側は好意的に捉えていた、それとも……」

「あのときは生徒会の顧問の先生がすごく理解のある先生だったんです。職員室にその公開討論会のための時間を下さいっていっても許可をくれた。それから、リボン闘争にもプレート闘争に対しても見守ってくれた。そういう先生方の理解が私たちのころにはありました。ただそれは先生方全部だったかどうか分からないですけども」

「いま記憶の中にどなたか理解のあった先生方はいらっしゃいますか?」

「生徒会顧問だった高橋先生、去年亡くなりました。それから豊原先生、弁論部の顧問でした。先生はいまも辺野古の抗議にずっと通っていらっしゃるということを聞いています。そして、私は直接教わったことはないんですが、国語の先生だった知念正直先生でしょうか。とても気骨のある先生で、生徒たちの意見をよく聞いて、生徒たちを守って下さっていたって。生徒の中でもやっぱり高校生が政治にあんまり口を出すべきじゃないっていう意見もあったから、当然、先生方の中にもそういう意見もあったと思います。でもそんなときに正直先生が生徒たちをとてもかばったという話は聞いていました」

## □ある教師との「出会い」

知念先生という名前には私にも記憶があった。幻となった二・四ゼネストの写真を雑誌『世界』(一九六九年四月号)に掲載したときに、奇しくもではあるが、先生は「沖縄の高校教師と生徒の反戦平和の戦い」という文章を寄稿していた。今度の取材旅行を始める前、当時の資料をめくる中で目にしたもので、高校生について言及した部分が大変印象に残っていた。

『高校生は青年だと考える。民族運動をより若々しく継続的に発展させるのは、その国の青年の使命である。しかも、二十三年間も続いて解決できない全県民の願いを達成するために、それを引きついでいき、未来を作る青年を作るのが大切だと思う』

「二十三年間」というのは一九六八年までの米軍占領期間を指す。「解決できない全県民の願い」とは、いうまでもないが基地ある故に派生しているさまざまな問題を指す。そして、こういった解決できていない沖縄の問題を引き継ぐのは高校生の使命であり、学校は、このような高校生を育てなければならないと訴えていた。この記事を書く先生の脳裡には、自宅がある屋良地区までわずか三五〇メートルという嘉手納基地で起きたB52墜落・爆発事故があった。

まだお会いしたこともない先生の消息を尋ねようと三五〇メートル圏内を歩き始めたが、すぐにお元気だということが分かった。地域の人たち全員が隣人だったからだ。

「これから暑くなるよ。今日が初めましてということで、写真撮らせて」

挨拶もそこそこに居間に通された私は、一方的な先生の注文にどぎまぎしながらマスクを外した。本来は私が撮るはずなのにと何だか逆になってしまった成り行きだったが、一眼レフのデジタルカメラを構えた先生は、来客の写真を撮るのが癖になっててね、と屈託なく笑いながらシャッターを押す。

そんな一瞬に先生の人間性を感じながら一二~三畳はあろうかという居間を見渡してみる。すぐにピアノが目についた。

「あっちに写真があるけれども、ここはワイフの音楽教室だったんだよ。ピアノに向かって三〇~四〇名が座ってやっていたけれども、七年前に急に亡くなってしまった。だから僕は独居老人だ、悠々自適の生活をしてるよ」

今年八四歳という先生は「独居老人」「悠々自適」という言葉に力を込めたが、やはり一抹の寂しさを漂わせながら、ピアノに目を向ける。屋根に置いてあるメトロノームの振り子は真ん中にまっすぐ固定されたままで、それは七年前から刻を止めているかのように私には見えた。

「百聞は一見に如かずだよ。ついて来なさい」

今度はそういうと、先生はピアノの部屋を出て、いくつかの居間を通り抜け、階段を上り、そして屋上へと案内してくれた。ほぼ目の前から射し込む太陽に目を細めながら正面を見渡すと、何軒かのコンクリート造りの住宅が視界を遮っていたが、その先には見慣れた嘉手納基地が広がっていた。滑走路には降り立ったばかりの輸送機がタクシングする様子が見える。

「壁が見えるでしょう、滑走路の手前に、当時は金網で仕切られていてね、その前の畑は黙認耕作地といって許可をもらって農作業する人たちが一日作業をやってて、休憩する小屋もあちこち建てられていたんですよ」

壁と県道の間には猫の額ほどの畑がいくつも連なる。野菜だったり雑草だらけだったりと手入れの具合はそれぞれだが、この嘉手納基地もやはり個人の土地を強制的に取り上げて造ったという歴史を知れば、わずかとはいえこの緑地帯が持つ切実さが伝わってくる。

「道路のこちら側はみんな平屋でね、そこに僕が引っ越してきたわけですね。木造で瓦葺きの家屋であるわけですから、あのB52が爆発したときは爆風で蛍光灯は落ちるし、窓ガラスは吹っ飛ぶし、床からは振動が伝わってくる、しかも、空からは猛烈な爆発のせいでいろんな粉塵が落ちてくるし、屋根とか瓦とかね、トタン屋根もバラバラという形で、戦争体験があるものですから、また戦（いくさ）がきたという感じしかなくてですね」

それは、基地被害という言葉に違和感を覚えるぐらい戦争さながらの中で生活をしている、という実感だったという。そのことはまた、当時、先生がつけていた日記からもはっきりと伝わってくる。

『一九六八年二月六日、午後十時四十五分、爆音！B52一機飛ぶ。私は気が散ってねむれない。十時五十五分、また一機が！B52だということが音で分かるようになった。人をむしばむこの重い爆音を「音」で区別できるようになったことがやりきれない。十一時八分、また一機B52がとび立つ』

『六月六日、B52が常駐して三ヶ月になった。それでもB52は常駐していない、B52はベトナム戦争に参加していない、B52は直接攻撃に出ていないと（日本政府は）いう。うそも休み休みいえ』

政府発表と目前の基地の営み。その乖離のあまりの深さに愕然とする日々の中でついに起きた墜落・

爆発事故。この日、臨時に開かれた読谷高校の朝礼で、先生は自身が体験したばかりの早朝のできごとを三〇分使って語ったという。

先生といえば復帰運動の担い手とされてきた沖縄。だが、私にはどうしても聞いてみたいことがあった。それは、核貯蔵庫の脇を昼夜分かたず飛び立つ爆撃機、ずっしりと残る重い爆音、そして事故と、戦争さながらの日々に生きざるを得ない基地の村、嘉手納や読谷の現実を、当時、生徒たちにひとりの教師としてどう教えていたのか、ということだった。

## □生きた見本が沖縄にはある

「僕は国語の教師ですから、核についていえば、あの黒い雨の指導をやってたんですよ、広島の原爆で罪なき人たちが背負わなければならなかった大惨事を見つめた井伏鱒二先生のね。その文学から読み取れる不条理とか不安とか苦悩、いたわりね、そういったことを教えたり、考えさせたり、感想を書かせたりするわけです。そこに、B52が沖縄に常駐する。これも核ですよ、積んでいるかも知れないといわれていたわけですから。あるいは弾薬倉庫、知花のね。そこには毒ガスだけではなく核兵器もあるのではとされてきた。だから広島、長崎の授業をするときには沖縄が抱えているB52や核の問題も併せて教えていくってことですよ」

「生きた見本が沖縄にはあるということですよね?」

「授業は井伏鱒二先生の広島や長崎の話だけれども、沖縄は核兵器や毒ガス兵器があるのでは、という現実の中で暮らしているわけですから、身の回りにあることを話していくことがいちばん分かりやすいということなんですね。広島、長崎をどんなに語っても、沖縄から見るとどうしても遠いところの問題ですから、生徒たちにはピンとこない場合があるわけなんです」

そして、そんな核疑惑が取り沙汰されているときに搭載も可能という戦略爆撃機が墜落・爆発した。しかも、あと五〇〇メートル先に墜落していたら沖縄は核爆発という未曾有の大惨事に見舞われていたかも知れない。想像すらできない恐怖と不安に襲われていた住民たちを前に、基地司令官は「これは交通事故のようなもの」と口を滑らし、日本政府は日本政府で、恐怖と不安が基地撤去やヴェトナム反戦に向かわないよう「B52は近く撤去の見通し」などと不確実な情報を流しながら、水面下では沖縄返還の具体的な内容に向けた日米協議を加速させていた。巷間伝えられていた話では「核抜き・本土並み」というものだった。そして、B52墜落・爆発事故から一年経った一一月一七日、佐藤首相訪米が決まったのである。事故から一年の間に急拡大した早期復帰への叫びは、今度はそのあり様への要求という一段と深まったステージに向かって動き始めているように思えた。私はそんな沖縄の胎動を、声を上げ始めた高校生の姿を通して描いてみたいと思い、写真を撮り始めていたのだった。

「先生は五十年以上も前の雑誌『世界』にも書いていましたが、高校生たちの行動や活動に大変理解を示していた、それはどういうところからでしたか？」

「それはですね、高校生たちのご両親の中には基地で働いている方々もいらっしゃるわけです。それを念頭に、生活と基地がどう結びついて、ヴェトナム戦争とどう結びついて、それが沖縄の歴史とどう結びついているのかというトータルなものとして考えなければいけない、基地で働くことを一方的に犯罪視するような発想や意見というのはあってはならないわけです。それを教育もやってはいけないわけです」

「そういうところから、多感な精神を持った生徒たちの群像を見てみますとね、そういう矛盾を抱えながらも、一途に、沖縄の現状をどうしたらいいかという純粋な気持ちから出てきたような行動や言動であったと思うんですね。しかも、将来的には沖縄を背負っていかなければいけないわけですから。むしろ、いろいろな思想や考え方をした若者たちを大いに育てていくという方向でのアドバイスをしなければいけない、だからいっしょになって考えよう、やっていこうという気持ちがどうしても出てくるわけで、それを反戦の行動だといって非難する、排除するということはやってはならないことなんです」

## □突然の「通達」

沖縄の復帰が現実のものとして高校生の間にも浸透し始めたとき、最も過敏に反応した行政部局があった。一九五二年に設立された琉球政府の文教局。アメリカ民政府の管理下で復帰前の文教政策を司っていたところだ。いうまでもないが、民政府は復帰運動が反米・反戦に向かうことがないようことのほか気を遣ってきた。その文教局が公立の高校長宛てに、ある「通達」を出したのは佐藤訪米が決まる直前のことだった。

「通達」はこういう。

『大学紛争の影響等もあって、最近、一部の高等学校生徒の間に』『いわゆる沖縄返還、安保反対等の問題について特定の政党や政治的団体の行う集会やデモ行進に参加するなどの政治的活動を行ったり、また政治的な背景を持って授業妨害や学校封鎖を行うなど学園の秩序を乱すような活動を行ったりする事例が発生している』『生徒がその本来の目的を逸脱して、政治的活動の手段としてこれら（学校）の場を利用することは許されないことであり、学校が禁止するのは当然である』『生徒が政治的活動を行った場合、指導だけではもはや教育上の効果が期待できない場合には適切な措置を取ること』

適切な措置とは、謹慎、停学、退学といったことを指している。

この突然の「通達」のオリジナルは文部省だった。しかし、カメラマンだった私には「予感」もあった。それは、東大や日大を始め全国の大学で起きていた大学闘争関連のニュースで見慣れていたセクト名入りのヘルメット姿が、沖縄の集会やデモ現場でも目につくようになっていたからだ。しかも、ちょうどこの時期「反戦高連」と書かれたヘルメット姿の高校生の一団が現れ始めてもいたのだった。当の文部省よりも一〇日も早く出された文教局通達には、このような政治行動に走り始めた高校生たちをできるだけ早めに牽制しようという焦りがあるのでは、と私は感じたものだった。

知念先生が「反戦の行動だといって非難したり排除するということはやってはならない」といったのはそのあたりのことを指していると直感した。

私が読谷高校校庭で行われた討論会に初めてカメラを向けたのは、その「通達」が出た直後のことだった。先生の言葉を改めて咀嚼しながら、そのときの高校生の討論写真を思い浮かべた。みんなそれぞれさまざまな意見をいい合っていたけれども、それは借りてきた言葉というものではなく、体験が持つ実感がこもったもので、聞く側も真剣な眼差しでじっと聞き入る姿だった。その真剣さ故に先生は「彼らが沖縄を背負っていかなければいけない」と捉え、自ずと共にやっていこうという考えに至ったのだろうと確信した。

## □写真「秘密の部屋」

生徒に対する真摯な向き合い方に甘えたわけではなかったが、つい私は先生にお願い事をしてしまった。ｉｐａｄをオンにして「秘密の部屋」というフォルダをクリックした。一九六九年一一月二日撮影とある。

「たくさん綺麗に写してくれましたね」

ｉｐａｄに保存した写真を見てもらった。それは、部屋の中で議論する一六人の高校生たちを写したもので、全部で六五枚あった。

「この写真なんですが、嘉手納のある生徒の自宅だったと思います。こういう人たち、そして反対側にはこういう人たちがいて、ずいぶんたくさんの人が集まっていたわけですね。この中に先生の記憶にある生徒さんはいらっしゃいますか？」

柄模様のカーペットの上に座る四人とベッドの上やその脇に寄りかかった七人の生徒たちが写った一枚、そしてスクロールすると、今度はその反対側に座った五人にレンズを向けた一枚だった。

「うーん、名前は覚えていないなあ」

「秘密の会合」に集まった読谷高校生たち（1969年11月 嘉手納村）

「ほかにも何枚かあります…。こういう人たちとか…」

さらにスクロールしながらアップ目の写真が出てきたところでフリーズした。口をとがらせて何かを話している眼鏡の男生徒とその後ろからじっと見つめる女生徒の二ショット写真だった。しかし、先生は無言。

さらにスクロールする。今度はベッドの端に腰をかけた男生徒のワンショットで、前方に鋭い目を見据えたまま何かをぐっと考え込んでいる表情を捉えた写真だった。

「覚えていないなあ」

「この人が秘密の部屋のリーダーだったと思います」

五人の生徒が写っているｉｐａｄの上を親指と人差し指で開いていくと、さらにアップになる。リーダーとおぼしき生徒のニキビ顔が画面を占領する。間があいたことに期待を込めて目を上げると、先生はひとこと。

「こういう写真をよく残してましたね…」

ｉｐａｄを閉じながら、私は先生の協力を精一杯仰ぎたいという気持ちを込めていった。

「もしみなさんが元気であれば、是非、会ってみたいと思っていてですね…」

「元気だったとしてももうみんな七〇代だよ、いまの顔かたちで見ても分からないしね。人相も変わって、僕があのとき三〇代ですからね」

面影はもちろん残っているだろうけれども、そこに五〇年もの年輪が重なれば、その形は変わってくるに違いない。しかし、先生は当時の教え子たちにあたってみる、と約束してくれたのだった。

## □写真の、永遠の真実

「秘密の部屋」で写真を撮っていたころ、沖縄返還を巡る日米交渉はほとんど詰めの最後にきていた。表明日本政府はこの年の三月に「核抜き・本土並み」を表明していたが、問題はその中身にあった。表明から九月訪米にかけて、日々の紙面には記事のほか、解説、論壇、さらにはリークや「…筋によれば」といったもので埋め尽くされ、私は地元二紙のほか、数日遅れで届く本土紙にも目を通しては重要だと思った記事を切り抜いたりノートに貼ったりしていたが、日本政府の本音とアメリカのいい分はジグソーパズルのようにぴったりと合致するというようなものではなく、奇妙な理屈を当てはめては完成に近づけるというものだったと、いまでも覚えている。

日本政府「何といっても最良の方法は、できるだけ早い返還を沖縄に約束することで、復帰運動に集っている人々の要求が反戦・反基地の方向に向かうことを避け、さらに可能ならば、沖縄の世論を核つきでもいいから早く復帰を、と思わせるように誘導することだ」
アメリカ政府「それに越したことはないが、沖縄の世論は決してわが方に向いていない。沖縄はいまとなっては返還することがいちばん望ましい。だが、ヴェトナム戦争継続中のわが国にすれば、沖縄の基地使用に齟齬をきたすような変更を含む交渉はあり得ない」
日本政府「わが方も、日米安保体制が重要だということは十分理解している。だからこそヴェトナム戦争も支持してきた。とはいえ、B52墜落・爆発事故が沖縄にもたらした不安や怒りを解消する手立ても考えなくてはならない」
アメリカ政府「事故は申しわけなかったが、かといって、返還されれば安保条約上の事前協議も問題ありだ。特に、核はあるともないとも言明しないのがわが国の立場だが、日本の非核三原則が適用されたら軍事戦略の足を引っ張ることになりかねない」
日本政府「そこはこう理解してもらいたい。アメリカが返還後の沖縄に引き続き核を持ち込むつもりなら、事前協議そのものを要求しなければいい。要求してこない以上、日本はアメリカを信頼して核の持ち込みはないものと考える」

沖縄返還交渉は、「非核三原則」と「核抜き本土並み」という一見整合性があるかに見える問題の間に横たわる深い、そして、決して表に出ることのない暗い溝を埋めることなく、曖昧のまま進んでいたのである。
その焦点となった沖縄。

佐藤訪米当日となった一九六九年一一月一九日夜、嘉手納村一帯は深夜近くまで騒然としていた。会場となった中学校の校舎の窓一〇数枚を覆うように張られた横断布。そこには「核つき基地自由使用返還含む佐藤訪米抗議即時無条件全面返還要求県民総決起大会」と長々とした大会名が書かれていたが、この前段の文言にこそ、沖縄の頭越しに進められてきた返還交渉に対するストレートな怒りが表現されていた。核つき基地自由使用を許したまま復帰したら、何のための復帰なのか？ そんな疑念を腹の底に溜めた参加者たちは、集会を終えると、基地と平行して走る軍用道路一六号線いっぱいに広がりながら、「まやかしの核抜き本土並み粉砕」「佐藤訪米反対」「核基地撤去」などと叫びながら歩き始める。夜空に『アメリカ、佐藤の計略に妥協するな！』『私は死にたくない、B52撤去』『黒い殺し屋出て行け！』などと書かれたプラカードが揺れる。基地につながるゲート前では「全学連」のヘルメットを被った学生らがタイヤを燃やしたり、金網をよじ登って基地内突入を図るなど、これまでにない激しい行動に機動隊がひるむ。そして、座り込んでは抗議するデモ隊にカメラを向けていたとき、大人たちの声を逃すまいと食い入るような眼差しで聞き入るふたりの女子高校生の姿が飛び込んできたのだった。

「ずいぶん昔のことですので…、そのときに自分が何を訴えたくて参加したのかなというのも…、ですから自分の意志三〇%、七〇%は流れで行ったのかなという気がするんですね。でも参加したのは事実ですし、参加した意味はあったのかなと、この写真を見ると思うんですね」

「私自身、この夜の写真を撮りながら、ふたりの真剣な眼差しに惹き寄せられてついシャッターを

山内洋子さん（左）と當眞美智子さん（右）

切ったんですね」

「真剣な顔でもないんだよね」

山内洋子さんが思わず照れると、隣に座った當眞美智子さんが横やりを入れる。

「真剣な顔ですよ」

嘉手納で行われた佐藤訪米抗議県民総決起大会のとき高校一年生だったというふたりとの再会を取り計らってくれたのは仲宗根京子さんだった。出会うことになったヤーラの森公園は読谷村のほぼ中央にあって、広々と広がる緑の芝生と東シナ海の青さが混ざり合って、かつてここが基地だったとは想像しにくい。ふたりはこの村で生まれ育ってきたが、中学のときに同級生となって以来ちょくちょく会ったり話したり、ときに喧嘩もしてきた仲だったという。そして、読谷高校に進学した年の一一月、私が向けたレンズの先にふたり揃ってデモに参加する姿があったのだ。撮ったフィルムはそのまま五〇年以上もネガ箱の中に保存されたままだったが、あのとき言葉を交わしたわけでも名前を聞いたわけでもないのに、お互い歳を重ねたいまになって再び出会えるというのは、それだけでも奇跡だと思っていた。そして、もし再会できたなら、どうしても知りたいことがあった。私自身、あのときシャッターを切ったのは、山内さんのB52墜落や佐藤訪米に怒っているというよりはその本質を見極めようとするかのような目と、當眞さんの現状を憂えているかのような目の表情が印象深かったからだが、実際のところふたりは何を思ってあの抗議デモの中にいたのか、そこは分からないままだったのだ。

「やっぱり基地がなくなって、土地もみんな取られましたから、そういうものが返ってきて、普通の平穏な島になって欲しいというのがありました。でもそう簡単にアメリカがこんな大事な基地を手放すはずはないというのもどこかにあったんですよね」

目は口ほどに物をいう、ではないが、コロナ禍では口先をマスクが覆う。その分、目の表情がすべてだ。路上に座り込んでいる写真を見つめていた山内さんが目を上げる。

「あのB52の墜落が起きたのはまだ夜中だったですよね。私と妹は熟睡中で、父と母は私たちを起こしてどうのこうのとは考えなかったというんですね、もうお終いだと思ったと。だから静かに寝させたまま起こさないで、逃げることもしないで、そこにいようと考えたと…。そういう話を聞いたとき、ああそうなんだ、私たちには分からない戦争の怖さみたいな…。だから基地のない島になって欲しいとそう思っていたんですね」

父母の直感、そして、子どもたちに対する父母の「思いやり」。そういうことが原点だったんだ、とそんな風に感じたりしたことが皆無だった私は初めて合点がいった。

「ですから、基地のない島にするには自分たちで勝ち取らないと、他の県の人が助けましょうということは絶対ないと思ったんですね、やっぱりそこは自分たちで勝ち取るしかないと」

だから集会にもデモにも参加したのだと山内さんはいうのだった。そうであればこそ、「核抜き本土並み」も「非核三原則」も素直には信じられない。

「いろいろな本を読んでいましたから、裏の駆け引きもあるんだなと、しかも裏の駆け引きというのは私たちにとっては決して嬉しくないもの…、それを感じていました」

「そうすると、復帰すればよくなるだろうなっていう気持ちはなかった?」

「それはやっぱりありました。一六でしたから。復帰したら基地はなくなると、いろんな戦争の問題、そういうものもなくなると、どこかにそういう希望はありました」

私は當眞さんにも聞いてみた。

「子どものころは自分たちでお椀を伏せて日の丸を書いて、赤く塗って、一生懸命作って、平和行進とかもやってきて、ようやく復帰が決まっていくというところにきて、核は残るだとか、基地はあるだとか…、ちょっと違うんじゃないか、あれ? みたいな。復帰というのは確かに願望ではあったけれども、どうやらベストに考えていたようなものではないということをうすうす感じてましたね。必ずしも復帰はよきものではないということは感じてましたね」

復帰への願望を打ち砕くかのような逆風。それは、当時、高校一年生だったふたりにも十分感じ取れるほど強いものだった。高校を卒業すると山内さんは村内にとどまって介護や医療関係の仕事を、當眞さんは本土の大学を卒業したあとはずっと神戸で福祉畑を歩み続けてきた。

「ふたりが会うのは何年ぶりですか？」

「しょっちゅうですよ。自宅は神戸ですけど、母が読谷の施設にお世話になっていて、去年、亡くなったんですが、その介護でしばらく沖縄に通っていたこともあって、ほぼ毎晩のように会ってね。いまはコロナで頻繁にとはいかないんですけど、それまでの三年間はほとんど読谷の住民のような感じでした」

「山内さんはずっと読谷に？ 介護は大変ですね」

「楽しいですよね、楽しい…。もうひとり仲間がいて、ケアトリオなどと呼ばれたりしてますが、三人で協力したら難しいことはないし、教えられることもありますし…。話も愚痴もいえるし、勇気づけられることもありますしね」

私たちが座る東屋を、時折、強い風が通り抜ける。ふたりの背中の向こうに広がる東シナ海には真昼の太陽が光を落としている。そのコントラストが強烈だ。

もしあのとき、写真を撮っていなければこのような出会いはなかった。その意味では写真はあの時代の沖縄を呼び覚ましてくれる記憶でもある。そして、そこに記録された人たちが言葉を添えてくれるならば、それは写真の真実として永遠に残る、と私は感じていた。

## □半世紀ぶりの再会

「雨の中よく来たね。今日は思う存分五〇年前の話をして下さいよ、ははは」

読谷高校の正門を入ると『全国制覇 甲子園出場記念』と書かれた石碑が目に入る。その奥にはコンクリート校舎が並ぶ。右棟二階でエレベーターを降りていちばん奥の教室に向かうと、廊下に置かれたひとつの机に座った知念正直先生が声をかける。机の上にはクリップボードに挟んだA4版のコピー用紙が置いてあって、ひとりひとりに名前と住所、電話番号を書くように促す。またひとりやってくる。

「知念先生ですよね？ しばらくです」

「おお、しばらくどころじゃないよ、もう半世紀も経つんだから……」

先生とかつての教え子が軽口を叩きながらグータッチを交わす。外は小雨で、墨絵のような景色だったが、借り切った教室の中はそろそろ七〇代かという年配者たちの「久しぶり！」「元気だったか？」「お前、誰だっけ？」などと、こういう集まりであればこその会話でいち段と賑やかだ。知念先生が約束通り声をかけてくれたことで実現した特別の集まりだった。

円を描くように教室の真ん中に八脚の椅子を並べて、その中心に一九六九年一一月二日の夜、「秘密の部屋」で撮った六五枚の半分ほどを選んでプリントしてきた写真を置いた。正直なところ、私にはそのとき撮った写真の顔や名前と今日集まってくれた松田さん、新崎さん、上間さん、知花さん、津波古さん、真壁さん、伊波さん、高良さんの八人の顔が全く結びついてはいなかった。というのも、当時の取材ノートはこの長い年月の間にどこかに紛れ込んでしまい、探しても探しても出てこなかった。しかし、いま目の前で、みんなが興味津々といった体で椅子から身を乗り出しては写真をのぞき込む姿に、大いなる期待を抱いていた。

「自分が写っているとか分かったら持ってたらいいよ」

教え子の後ろに立った先生が声をかける。上間さんが早速一枚手にする。

「これはですね、嘉手納のレストランサークルといってレストランなんですけど、そこの三階ですよ」

いきなりの答えに一瞬、戸惑いながら上間さんを見つめると、参加者をほとんど覚えているといって、今度は床に置いてあった数枚の写真に手を伸ばした。

「これはアラガキでしょう、これがオクマ、亡くなったね。これがチバナ、彼も亡くなったよね、サッカーが好きでやってたんだね、俺といっしょに。これはテルヤ。こちらが中心メンバーだったキンジョウ。それにケンジはいるかな、ケンジ、レストランオーナーの息子で、去年、亡くなったけどもね…、彼の三階の部屋だったんですよ、みんなが集まったここは」

真ん中が上間邦博さん

「ということは、あなたもこの秘密の部屋にいたと。お名前は何でしたっけ?」
「邦博です、上間邦博です、はい。私も写ってます」
複数の写真の中から上間さんが一枚を取り出す。一〇人ほどの仲間を切り撮ったもので、男生徒も女生徒も誰もが無口でうつむく表情はそのときその場の重い雰囲気を表していた。そして、止めた指の先にはベッドに腰掛け、白のトレーナーに白のズボンという姿でじっと聞き入る高校生の顔があった。思わず見比べてし

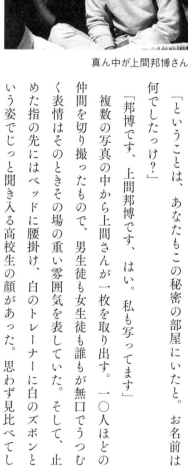

知花賢信さん

まったが、髪は薄くなったとはいえ、引き締まった顔立ちは上間さんそのままだった。

さらに写真をひっくり返す上間さんの手元に向かって弾んだ声がかかる。

「これが私」

糊のきいた真っ白いYシャツを着た男生徒のアップで、上体を幾分かがめた姿勢のせいか目線が鋭い。

「知花賢信です。私、記憶ありますよ。何回か会ってますよね、当時、吉岡さんとは……」

議論する一六人は全員が高校二年生だった。そのときから半世紀余、あらためて出会えたのはふたり。五人はすでに亡くなり、女生徒たちの消息については上間さんも知花さんも分からないということだった。

「写真に写っていないみなさんは同じ学年、世代でしたか?」

「ひとつ先輩です。ボクらが(昭和)二六年生ですから」

先生の呼びかけで集まってくれた中の六人は、当時、一八歳。「秘密の部屋」の一期先輩で、四ヶ月後には進学を、あるいは就職を控えた生徒たちだった。とはいえ、あの激しく揺れ動いた時代をどう過ごしていたのか、聞いてみたいことは山ほどあった。

写真そのものへの興味が引いたところで、私はあらためて「B52墜落」「命」「通達」「復帰」といったあの時代のキーワードを並べながら、なぜ「秘密の部屋」で写真を撮ることができたのかを説明した。

「読谷高校はB52が墜落したときにいちばん近い高校でした。教室では特設授業が行われていて、そこでみなさんに会った。そうしたら今晩みんなで集まって議論するんだ、というので私も参加していいですかと聞いたら、どうぞという返事だったんですね。そのときに撮った写真がご覧いただいたものなんですが、知花さん、このときどういう議論をしたか記憶はありますか?」

「嘉手納の人たちは生まれたときからずっと爆音に悩まされ、この状態を何とかできないのかということをこの夜も議論していましたね」

「家も嘉手納基地の近くでした?」

「そうですよ。しかもB52のときは本当に戦争が始まったのかとドキッとした覚えがあるんですよ。それで、親父といっしょに行こうとしたんですよ、爆発現場に。そしたら、屋良から帰ってくる人がいるわけさ、何で帰ってきたのって聞いたら、兵隊がカービン銃を構えて止めていると、銃を向けてね。だけど、銃を構えるアメリカ兵の手が震えていたと、顔面も蒼白になっていたと。何でかといったら、あの道の反対側に弾薬庫があるんですよね、そこには核が何十発あるかわからない、そのせいで怯えていたというんですよ」

知花さんは、だから口先だけでB52撤去というのではだめだ、行動を起こすべきだと議論していたというのだ。

「上間さんは？」

「これらの写真はですね、B52についての話もしてると思うんですけれども、当時、学校が荒れていたんですよ、学校がね。校則を廃止しようとか丸坊主反対とかね、もっと高校生の自主性を尊重してくれとかね、通達も出ていましたし。そのための集まりでもあったんですよ」

そういうと上間さんは突然私を名指しした。

「吉岡さんも学生を煽ったといって学校から何かいわれたんじゃないですか？」

こんな直裁的な質問がいきなり飛んでくるとは思ってもいなかった。意表を突かれた私は当時の思いを吐露してしまおうと思い直した。

「正直な話をしますと、この夜、みなさんがどういう決議をしたかといいますと、もう学校のいいなりにはならない、明日授業ボイコットをしようと」

上間さんが同意する。

「それで相談を受けたんです、授業ボイコットしたいんだけれどもどう思いますかと。私は少し年上でもありましたから、本当はそんなこと答えてはいけないんですけれども、いやいやいいんじゃないかなと答えたんですね」

「翌日に授業ボイコットをしようということになって、私も八時過ぎぐらいでしたでしょうか、学校の塀越しにカメラを構えて、みなさんが登校してくる生徒に呼びかけている、授業ボイコットしようと呼びかけている姿を撮ったんですね。ところが、生徒は上間さんたちのいうことを聞いているんですが、聞き終わるとそのまま校舎の中に入って行ってしまう。それで結局は授業ボイコットが失敗したんですね」

ひと息入れたが、みんなは興味津々とばかりに私を見つめている。

「その日の夜、また集まったんですよ。でもみんな無口で、どうしたんですかと聞いたら、謹慎処分を食らったといってシュンとしているんですね。しばらくしたら誰かが、吉岡さんはいいですね、俺たちはこの読谷村からも出られないし、近所の人からは学校に盾突いたといって変な目でも見られる、それに比べて吉岡さんには帰る場所があるからいいですね、というんですよ、那覇でも東京でもですね。そのひとことではっと気づきました、みんなは非常に心が傷んでいる、そういう中、私は外の人間でもあるし、取材させてもらっている人間でもある、だから、ひょっとすると傷つくことになるかも知れない大事な問題に意見を述べてはいけなかったんだ、ボイコットしたいと聞かれたときに、ああ、やったらいいんじゃない、などと答えてはいけなかったんだと、ものすごく反省しましたね」

駆け出しカメラマンだった私が初めて会得した取材の心得「一」みたいな体験を、このような場で披瀝することになってしまった面映ゆい気分から抜け出ようと、授業ボイコットの日の朝に撮った二枚のモノクロ写真をかざした。いずれも三〇〇ミリ望遠レンズで狙ったもので、一枚は平屋の木造校舎前で、上間さんや知花さんら仲間たち一〇人ほどが、同じ数ほどの生徒と向かい合っているところを撮ったもので、その表情から授業ボイコットを訴えている様子が見て取れるものだ。もう一枚は明らかにそんな彼らを置き去りにしたまま校舎に向かう数人の生徒たちを捉えたもので、ちょっと引いた写真だ。

立ち上がった上間さんが写真のところまで来て指を指す。そこには仲間とは数十センチほど離れて立つ制帽を外した生徒がいた。

「丸坊主はイヤだから髪を伸ばし始めていたんですよ。だから校則で決められた制帽は被らない、髪の毛が乱れるといってね」

知花さんが何かを思い出したのか声を上げる。

「僕も首謀者のひとりだからね、だけどね、生徒は聞いてくれましたよ。あの日の朝、校舎の前で議論したのは勉強だけやっていればいいのかと、そういった危ない基地があるのに。沖縄というね、特殊な状況にあるここをどうするか、みんなで考えないといけないだろう、勉強だけでは駄目だろうと、みんなに熱く語って。僕のクラスの半分以上は授業をボイコットした。ところが他のクラスが盛り上がってこなくて、結局はダメだった。未遂に終わった。全体的には失敗に終わったということです」

「失敗だと思ったときはどんなことを考えました？」

「みんながね、みんな同じ考えじゃないんだなと思いましたよ。だから何というのかな、基地とかを考えるべきだというわれわれは思い上がっていたかも知れないなと思ったですね」

「謹慎処分が出ましたけれども処分を受けた記憶は？」

「処分を受けたのはコウキチとあと二、三人だったんじゃないかな、全部じゃないですよ、僕も受けてないし。彼らは一週間ぐらいの謹慎でしたよ」

「はい！」

八人の輪の外側で会話の成り行きを見守っていた知念先生がここはオレにもしゃべらせてくれとば

かりに手を上げる。

「僕なんかはそのときにね、大いに抗議をしたんですよ、ダメですと、何でそういうことでね、純粋な子どもたちの心を傷つけるような形で処分のような形をとるのかと」

「教師自体もね、時代の波に翻弄されていたこともあるんだけれどもね、本来は高校生の思いや社会の状況にしても、それを取り締まっていく、抑えていくのではなく、逆にどういう形や方法で伸ばしていくか、育てていくかという視点や観点を持っていたはずなんです。絶えずそれを持っていた。だが、それが結局は貫けない壁もあって、それで生徒が処分されたというケースもあったんですね」

「貫けない壁」。それは『生徒が政治的活動を行った場合、指導だけではもはや教育上の効果が期待できない場合には適切な措置を取ること』と高校長に課された文教局「通達」のもたらす「苦悩」でもあった。

知念先生がその「苦悩」の意味を語る。

「復帰前、植民地時代といいますか、校長も含めてね、沖縄県民が人間として高く認められるということはなかったわけですよ、生命が軽んじられたような事件、事故が多発しましたね、大人も児童生徒も関係なく事件は起きたわけです。米兵が落下傘訓練中に児童の頭上に落ちて来るんですよ、あるいは歩道を渡ろうとした生徒が軍用車に轢かれて死ぬとか。人間の命が虫けら同然に扱われていくようなことがしょっちゅうだったわけです」

「しかし、アメリカという異民族による支配に抵抗して何か行動しようとすれば布令・布告というのがあって必ず抑えられてきたわけです。そういうことに対していちばん抵抗したのが学校の先生だったということなんです。そこには、子どもたちの幸せのためにどうすればいいのかという非常に素朴な発想があったんですね」

布令・布告、あるいは指令というのは復帰前の最高機関、民政府が出した法令のことで、特に布令は「住民に対して効力をもつ立法的性格をもつ規定」とされて、違反者には罰則が課された。余談ながら、琉球政府は一国並の政府と思いがちだが、米民政府の監督下にあった。

さらに余談だが、布告第一号は一九四五年沖縄上陸とともに米軍の占領開始を告げたもので、米太平洋艦隊司令長官兼米太平洋地区司令官の名前を取って「ニミッツ布告」と呼ばれている。

『米國海軍軍政府布告第一號　一、南西諸島及其近海並ニ其居住民ニ關スル總テノ政治及管轄權並ニ最高行政責任ハ占領軍司令官兼軍政府總長 米國海軍元帥タル本官ノ權能ニ歸屬シ本官ノ監督下ニ部下指揮官ニ依リ行使サル。二、日本帝國政府ノ總テノ行使權ノ行使ヲ停止ス』(以下、意訳。一、沖縄住民全ての政治を始めとする管理権や行政責任はアメリカ海軍元帥にあり、部下の指揮官が行使する。二、日本帝国政府の全ての権限は停止する)

「復帰前、沖縄の教育というものは民政府のいいなりに従わなければならなかったわけですが、それでも教職員たちは反戦平和の思想を原点に日本復帰を勝ち取っていこうと、植民地支配からの脱却を図っていこうと始めたわけですね。そこには校長、教員分け隔てなく参集していったわけです」

「そうすると、先生たちは文教局の通達についてはどう思っていたんでしょう?」

「民政府というのは絶対ですから、文教局は受け入れざるを得ない。しかし、校長には戦争体験者も多かったですから、はい、分かりました、ではないんですね。こういう通達があったというような話し方をするわけです。そうすると、僕たち教師もそういうことですね、と答えながら、生徒たちには処分が出ないように工夫するわけです。つまり、そこには米軍支配という理不尽な現実があって、その現実を見つめないとだめだという意識の方が通達よりもはるかに重かったということですね」

それにも関わらず、処分者を、しかも、読谷高校で出してしまった。そんな悔しさを滲ませながら、先生はさらに言葉を継いだ。

「読谷高校のひとつの風土というものは団結なんですね。その根底にあるものは永遠に青春の気持ちを持ち続けていって欲しいという思いなんです。教師は高校生の純粋な感情の発露というものを否定できない、なぜなら、それは青春そのものですから。たった一度しかないそういう青春を忘れずに団結してやっていって欲しいというのが読谷高校の風土なんです。ですから、高校生として輝くような岩石が読谷高校にはいっぱいあるんです」

そんな輝く岩石であるはずの生徒を、一週間とはいえ停学という処分にしてしまったことに対する先生なりの謝罪の言葉だと受け止めたのか、教室は一瞬静寂に包まれた。

そして、そんな静寂を突いたのは、「秘密の部屋」メンバーよりひとつ先輩になる松田盛光さんの低い声だった。

## □初めての告白

「こんなことを話すのは初めてなんですが、僕の親父は嘉手納基地で働いていたんですね。要するに、僕たち一〇人家族の生活は親父が稼ぐ基地からの収入だけが頼りだった、生活がかかっていたわけです。だからB52撤去のような基地反対集会とかがあると、自分たちの生活はどうなるんだという不安をいつも抱えていただけではなくて、一方では、何が正解なのか、復帰したら僕たちの生活はよくなるのとか、沖縄の人は本当に幸せになれるのとか、はっきりとした答えを求めていたんですね。もちろん、B52が墜ちたときはこんな生き方は嫌だというのはよく分かるんですよ、嫌だけど、僕たちの生活自体は基地が支えている、これは自己矛盾ですよね、いつも心を痛めていました」

「僕は生徒会もやっていましたけど、生徒にはそれぞれの立場がありますよね。まずそこで基地はノーといえる人は幸せだなと思いながら、僕にはできなかったんです。生徒会としてはみんなの意見をまとめなければいけないですが……。ただ他の人がどんな意見をいったとしても、僕の頭の中には自分たちの生活のことだけがぐるぐる回っていて、はっきりとした意見はいえなかったですね」

「だけれども、B52が墜ちた夜だったかに嘉手納中学で決起集会がありましたよね。僕たちは生徒会の旗を持って参加しました。先生方もこれは生活や命をかけた戦いだから、幼いから、高校生だからといわないでみんなでやらなければいけないという意見だったから、僕たち生徒会も旗を持って参加したんですよね。でも僕自身の立場としては非常に決心のいるものではありましたね」

「お袋はもう集会には行かないでくれと、親父がクビになったら困るといって僕を止めるんですね。だけど僕はこのままではいけないんじゃないかという思いと板挟みになりながら、生徒会ですからやっぱり旗を持って参加したんですね、できるだけあちこちにいるカメラマンから顔を隠すようにして、帽子を目深に被りながら行きました。あのときの僕は自己矛盾を抱えながら戦うという感じでしたね」

「そして、あるときに生徒会が本土の学生たちと話す機会があったんです。そのとき、僕がそういう弱みを出したら大学生がこういったんですね。祖国復帰するということは基地で働いている人たちを全部解雇することではなくて、そのあとに新しい産業を誘致して沖縄の経済が立ちゆくようにやっていかなければいけない、それこそが国の仕事なんだと。だからあなたたちは復帰したからといって、イモ・ハダシのような元の貧しい生活に戻るんではないんだよ、君の親父がいまは基地で働いていても、みんな生活ができるような政策が必ず行われるから心配するなと。やっぱり大学生ってすごいなと思いました。どこかにそういうような安心感がチラチラあったから集会にも行けたのかなと思います」

「秘密の部屋」の撮影をしていた当時、基地で働く労働者は五万人。第二次産業がほとんど成り立っていなかった沖縄では最大の産業とまでいわれていた。基地の数は四軍合わせて一三四、職種も事務やゲートのガードマンから広報・宣伝、重要施設内での作業とさまざまだった。

「基地で働くお父さんの職業で相当悩んだと?」

「悩みました。しかも高校三年生でしたから、もしクビにでもなったら大学には行けないという思いもありました。実際、大学入試に失敗したら集団就職をすると親父と約束していましたけれども。ただ一縷の望みは大学生がいったように全員がクビにはならないという言葉でした。そんな形で僕たちは一刻一刻を過ごしていたような感じがします」

「基地からの収入で生活が成り立っていると、しかし周りでは基地撤去の声が高まっている、そんなときに考えるのは何でした？」

「やっぱり基地があることで人権が蹂躙されるような生き方は望まない。しかし、生活があるから基地反対ともいえない。そうすれば、結局は日本国憲法の下でちゃんとした人間として扱われたいということだったと思います」

復帰への期待だった。

松田さんの話を初めて耳にしたという伊波寛さんはそのとき高校一年生。「こんな大きな基地が一夜でなくなるとは考えてはいなかったが、復帰には大いに期待もしていた」といい、松田さんと同期だった津波古光男さんは「誰しも夢に見ていたし希望を持っていた」。高良和夫さんも「小さいころに期待していた復帰がだんだんずらされてきているような感じだった」と思いながらも見つめていたという。真壁朝廣さんは「沖縄に憲法が適用されるということが何ともいえなかった」と嬉しさを滲ませていた。

そして、上間邦博さんはこういう。

「復帰への期待は大きかったですよね。ヤマト（日本）に憧れ、ヤマトゥンチュ（日本人）への憧れ、それと同じぐらいの劣等感。その一方で、うちなーんちゅ（沖縄人）としてのアイデンティティ。それらが入り混じってですね、何をしていっていいのか逆にあんまり目標が持てないくらいでした」

新崎彰さんは、「憲法が適用される、それはいい。しかし、基地問題が一向に進展していないことが不満だった」という。

そして、知花さん。

「僕は単純に、復帰したら基地がなくなると期待してました。とにかく小さいころから基地とアメリカ人と軍隊に関わり合いがあって、事件もいっぱいあって、アメリカ兵に車で轢かれて死んでも罰を与えることもできない、婦女暴行をして殺しても本国送還で終わりみたいな、そういうものがなくなるんだろうなという期待を持っていました。とにかく怒りだけだったんですよ」

「秘密の部屋」取材から三週間経った一一月二一日、月々五ドルでレンタルしていた白黒テレビの画面には佐藤首相とニクソン大統領の二ショットが映っていた。ふたりはこの三日間、ホワイトハウスにこもって沖縄返還合意に向けた協議を重ねてきていたのだ。四半世紀もの間、「異民族支配」の下で呻吟してきた沖縄にとっては文字通り歴史的瞬間でもあり、私は私で、返還が決まれば、沖縄は「その日」に向かってどう進むのか、新たな日々の始まりだと感じていた。そして、ふたりは「七二年、核抜き本土並み返還」を誇らしげに発表したのだった。だが、そこにはB52や知花弾薬庫に貯蔵されているとされた「核」やその撤去、「本土並み」が意味することへの疑惑は残ったままだったが、その一方で、基本的人権に対する法的保障もないまま不安と恐怖の中での生活を余儀なくされてきたそれまでの日常からようやく脱却できると、多くの高校生たちが期待を寄せたのも事実だった。しかし、その矢先に、今度はその高校生たち自身を震え上がらせる事件が起きたのである。

# 第四章　「人生」を決めた女子高生刺傷事件

事件は土曜日の白昼、具志川市（当時）で起きた。

授業を終えた前原高校一年生の女生徒が下校途中の農道で米兵に襲われ、サトウキビ畑に連れ込まれたが、激しく抵抗したため頭部や首、腹部など数カ所をナイフで刺され、全治二ヶ月の重傷を負うという残酷なものだった。米兵は現場から五〇〇メートルほど離れた陸軍平良川通信所に逃げ込んでいた。


その平良川通信所はもうない。米兵は「タイラガワ」と発音できず「デラガワ」と呼んでいたが、復帰前まで沖縄の人々を親米派にさせるための「洗脳」雑誌でもあった『守礼の光』や『今週の琉球』を編集・出版していた第七心理作戦部隊が管轄していた。しかし、復帰と同時に部隊の本国撤退に伴い、一九七四年に返還された。

東京ドーム四個分に相当した基地の跡地や、刺傷事件の犯行現場となった農道脇のサトウキビ畑は、その後、市民劇場や高齢者施設、住宅地に生まれ変わり、年月が当時の記憶をすっかり消し去っていた。

事件を知った私が犯行現場に向かったのは発生から三日経った一九七〇年六月二日、朝のことだった。犯行に使われたナイフはまだ見つかっておらず、容疑者も分かっていながら逮捕できないでいた。そこにはサンフランシスコ条約によって、沖縄が正式にアメリカの施政権下に置かれることになった一九五二年に施行された「琉球列島米国民政府布令第八七号」という米軍が絡んだ犯罪の「掟」ともいうべき捜査上の不文律があったからだ。

『〈琉球民警察の逮捕権1〉琉球政府警察局所属警察官は、米国軍法に服すべき者が、本人の面前または視界の中で、人体に破損を与えたり財産に甚大な損失を与える罪を犯し、若しくは犯人がなお現場近くにおり、当人が犯人とあると確かめ得るときで、米官憲が居合わせないときは、これを逮捕する権限を有する。〈琉球民警察の逮捕権2〉逮捕するときは、米陸軍・海・空軍の憲兵隊等に、逮捕状況明細報告書と共に犯人を引き渡さなければならない。米国憲兵隊が現に居合わせるときは、琉球警察官は権限を行使することはできない。米国軍法に服すべき者は、米国国籍を有しない囚人と直結する場所に監禁されてはならない』

つまり、琉球警察の警察官が米軍人・軍属を逮捕できるのは、現行犯でかつ米軍憲兵が居合わせていない場合に限られ、逮捕しても、その身柄は詳細な逮捕状況をまとめた報告書を添えた上で米軍に引き渡さなければならない、といっているのである。もっと分かりやすくいえば、琉球警察には米軍犯罪を捜査する権限がないだけではなく、犯罪を抑制し防止する権限もないというのである。

カメラを手に近づくと、現場は起伏の多いサトウキビ畑で、春に蒔いたばかりの青々とした穂先が揺れる中、麦わら帽子などを被った一〇人ほどの住民が腰をかがめて作業をしていた。男も女も手にしていたものはカマではなく、棒きれだった。それでサトウキビの根元をかき分けながら犯行に使われたというナイフや女生徒の遺留品などを探していたのだった。制服警官は見当たらなかったが、住民の協力を得ながらの捜索は事件の持つ深刻さの一方で、米軍支配下では捜査もままならない現実を浮き彫りにしていた。

この日、午後には前原高校の教師と生徒有志が二五キロも離れた米民政府前で抗議の座り込みを行い、三日後には一九〇〇人ほどの生徒全員が容疑者の逃げ込んだ通信所にデモをかける。そしてその翌日には、抗議の県民大会が校庭で開かれるなど、衝撃が怒りの渦となって前原高校生の間に広がっていくさまを、私はずっと撮り続けた。

## □あのときの音声が・・・

「彼はいま千葉県にいるかな。こちらがヒロシでこれがマナブ、そしてマサヒロ。これはタツヤかな、こっちは何タカシだったかな・・・」

「この中にオサムさんもいます?」

「この先頭グループの中に私がいるかどうか、あのときはたくさんいましたからね」

知人の紹介で会った前原高校ＯＢのオサムさんは生徒全員が参加したというｉｐａｄの写真を見な

がら名前を上げていく。写真は一九七〇年六月二日午後のデモのとき、ローアングルから狙ったものだったが、グループの先頭には「米兵による残忍な刺傷事件に抗議する！」と大書された通称シハチ（四尺×八尺）バンと呼ばれるベニヤ板を持ったふたり。そのすぐ後ろには横一列に一〇人ほどの男生徒が並ぶ。具志川市内の道路いっぱいに広がって歩く高校生たち。オサムさんは彼らの顔つきや表情で同級生たちの名前がすぐに思い浮かぶらしい。

この一連の写真は容疑者が逃げ込んだ通信所に向かって抗議のデモをする高校生を撮ったものだが、ゲートに繋がる幅三メートルほどの農道は「野獣」「悪魔は出て行け！」「Ｙａｎｋｅｅ ｇｏ ｈｏｍｅ」「犯人は厳罰」「日本政府は目を覚ませ」、そして女生徒の「真昼、歩くのこわい」といった言葉など、ありったけの感情が書き込められたプラカードで埋まり、文字通り怒りのパレードだった。

この列のどこかにいるはずだが、というオサムさん。事件のあとは大学に進学、そして、アメリカで一年ほど英語を勉強して帰郷、復帰後に設置されていた那覇防衛施設局に入局した。そこで一一年間、対米軍調整の任務を全うしたあと今度は米軍基地に転職、定年を迎えた。

「こういってはいけないんだけど、当時、事件を知ったときはまたか、という程度だったかと思いますね、強い憤りというわけでもなかったですね」

事件直後こそ抗議の座り込みやデモには参加したが、それは自ら進んでというよりは全員参加だったからだという。

「どちらかというと、米軍抗議とかそういうものに興味がなくて、あーやってるなあと、傍から見ている感じでしたね」

衝撃的な事件にすぐ起ち上がったのは高校生たちだった（1970年6月）

そんなオサムさんに私はもう一枚の写真を見てもらうことにした（P98）。それは望遠レンズで撮影した一枚で、原稿を手にしたひとりの生徒がマイクの前で何かを読み上げている写真で、その後ろには「…捜査権、裁判権を…」「…刺傷事件…」「…徹底的に糾弾」などと書かれた垂れ幕の一部が見えるものだった。記憶力抜群のオサムさんだったらきっと名前を特定してくれるに違いないと思ったからだ。

「分かります、座間味健二ですよ。政治に興味を持っているという意味では彼とは一線を画するところがあってですね。しかし、彼は一生懸命だったんじゃないですか」

オサムさんのおかげでようやく一歩前進できた気分になった。だが、私には座間味健二さんに会う前にどうしても手に入れておきたいものがあった。それは写真にあるように、壇上に立った座間味さんがこのとき何を訴えていたのか、その肉声であり内容だった。きっとどこかに保管されているに違いない、何といっても高校生が九死に一生を得るという余りにも痛ましい事件だったではないか、私はそう信じていた。

撮影から五〇年以上も経った写真のデジタル化を進めながら感じていたことは、その瞬間その瞬間を切り撮った一枚一枚には日付と説明のほかに、そこに写っている人々の言葉が添えられれば、それは延々と続いてきている歴史のひとコマが真実のものとして甦ってくるということだった。そして、さらに、そのときその瞬間の音声（現場音）があれば、よりリアルな歴史となって仕上がってくるはずだった。そういうこともあって、オサムさんに会ったあと、私はある人にメールを送った。

『一九七〇年六月六日、前原高校で行われた女子高校生刺傷事件等米兵による凶悪犯罪に抗議し横暴な軍政を糾弾する県民大会で、前原高校生徒会代表としてアピール文を読み上げた座間味健二さんのそのときの音声は保存されていませんか？』

メールの宛先は與儀進さん。沖縄のラジオ局『ＲＯＫ（ラジオ沖縄）』のデジタル経営企画室長をしている人だった。

ちょっと横道にそれるが、一九七〇年一二月に発生したコザ暴動のとき、ソニー製のデンスケを肩に手にはマイクを持った『ＲＯＫ』の放送記者は、路上に引き出されひっくり返された何十台という米人車両が焼かれるさなか、暴動に参加した人々の声を拾っていた。まさにその日そのときでしか拾えない貴重な記録音声だったが、五〇年後の二〇二〇年一二月放送の『ＥＴＶ特集』（ＮＨＫＥテレ）で番組化した際に、私の求めに応じて、與儀さんはほぼ一時間に及ぶその音声を提供してくれたのだった。

その與儀さんから「ありました！　聞いてみますか？」という電話をもらったのは三日ほど経ったときだった。六階に用意されていたデッキにはＵＳＢが差し込まれていて、再生すると抗議大会独特のスピーチや参加者たちのざわめきのあと、ついに求めていた声が聞こえてきたのだった。

『五月三〇日に私たちの学友が米兵によって刺傷されました。私たちは米兵のあの残虐な行為に激しい怒りを感じないではいられません。私たち前原高校生徒会では五月三〇日の全員参加、六月三日の校内抗議集会、そして昨日の雨の中でのデモ行進と取り組んできました。あの小さな体で必死に抵抗した彼女のその抵抗を無駄にしてはなりません。子どもを持つお母様方、父兄のみなさん、真っ昼間も安心して道も歩けないこの事実を見逃してはなりません。米兵による犯罪は、沖縄から基地がなくならない限り続くのです。みなさん、今度の米兵による刺傷事件に対して、単なる怒りの爆発に終わらず、事件の本質を捉え、今後をどうしなければならないのかを考え、団結して戦い抜こうではありませんか』

## □突きつけられた基地の「現実」

「憶えていますか？」

「あのとき以来です。声もだいぶいまとは違うし……。かなり感情が全面に出ていたと思います。必死だったということだけでしょうね。それしかないでしょうね」

ミニ図書館を思わせる自宅の書斎に案内してくれた座間味さんの前で、私はスマートフォンに録音した「壇上のスピーチ」を再生した。高校二年生で生徒会長として訴えた九〇秒ほどの声を聞き終えた座間味さんは、ひとことひとことと区切るように言葉をつなぐ。

私は、あのとき壇上で必死になって訴える座間味さんを写真に撮ったが、「必死」という言葉の意味をあらためて確かめたかった。

「それはもうものすごいショックだったからですよ。しかもあの日は全校で実力テストがあったんですよ、みんなテストが終わって開放されるでしょう、映画館とか遊びに行くでしょう。しかし、彼女は疲れてひとりで家に帰ったみたいです。ところが、学校からはずっとキビ畑があって農道が続くんです。そこを兵士がジョギングしてるんですよね。なぜナイフを持っていたか分からないですけど、無理矢理、彼女、華奢ですから無理矢理キビ畑に、それでも体を張って抵抗したものだから、この兵士は刺してから逃走したと」

「しかし、昼間だから誰もいないですよね、彼女は出血しながらも何とか這い上がって、たまたま通りがかった同じ集落のね、大人、大人といっても若い二〇歳ぐらいの女性が見つけて、救急車で中部病院に運ばれたと、それが経緯なんですよ。だから、ものすごい憤りですね、まさかですよ、真っ昼間ですよ」

「しかも自分の学校の生徒が、ですよね?」

「中学校の後輩なんです、一期後輩で、ですから、顔を知っているだけにショックは大きかったです」

「で、どうしようと?」

「沖縄の警察は手も足も出ない。だから、まず、基地に逃げたこの兵士の身柄を引き渡せ、というそれだけですよ。生徒会長でしたから、僕が前面に出ざるを得ない状況でした」

「生徒会長としてはどういう風にしようと?」

「基地があるからこういう事件が起こったんだと、僕らみんな同じ考えですよ。自分の目の前でなくても小さいころからずっと起きてるわけだから。そういう話をあまり発言したこともない未熟な自分だったんですけど、懸命にしました。彼女は命を賭して守ったわけですから…」

七〇代に手が届こうかという座間味さんは一七歳だったころの自分に戻ったかのようだった。それはまた、事件から同じ年月が経ったというのに、依然変わらない沖縄があることから思わずするっと出てきた言葉かと、私は直感した。そして、ふと思った。座間味さんはこの犯罪に立ち向かう中で、どんな試行錯誤をしながら基地や米兵に対する気持ちや考えを固めてきたのだろうか…。

生徒会が中心となった集会からデモへ、それがやがては県民大会につながった。私は一連の写真をテーブルに並べた。

「もう絶対に許せないと、まずそこが出発点でしたね。自分たちで米兵を捕まえるわけにはいかないし、とにかく自分たちは憤っているんだということを意思表示するしかなかったですね」

雨の中、通信所に向かってデモ行進する生徒たちを写した写真。

「これは生徒自身が自主的に行った?」

「前原高校では生徒ですよ、教員はそっちのけです、基本的に。このときは安全は大丈夫かなといった感じで教員がついたりしてました」

「安保粉砕、基地解体…。こういうスローガンも高校生が考えた?」

「意識は相当高くなっていたと思いますよ。ほかにも民事裁判を行えとか、人命軽視許すなとかね。ともかく裁判、公平な裁判ですよ」

スピーチをする座間味健二さん

前原高校生始め一万二〇〇〇人が参加した抗議県民大会。座間味さんが生徒会会長として抗議のスピーチをしたときの写真だ。

「頭の中には、心の傷は絶対に癒されないということしかなかったですよ。命は取り留めたものの、助かったけれども、そのときの心についた傷は忘れることがないと…、そのことをとにかくいわなければいけない、社会に訴えなければいけないと思ってました」

「同じ高校生が今度は被害者になりましたよね?それまでいろいろな事件が起きていたかも知れないけれども、これはまさに自分の身の回りで起きた事件だった?」

「そうですね、だって高校は安全地帯だと思っていたんだ。

でも、そうじゃないわけですよ、結局、基地があるところはどこも同じですよ」

「基地というもの現実を…？」

「突きつけられた感じです、まさに…」

「基地があることは分かっていたけれども？」

「そう、でもこの事件のように実体験としてはなかったです。僕らの家は通信基地に近いところにあって、Aサインバーがあったんですよ、兵隊たち専用の。だから、グリーンガムね、それを五セントで買って。まだ幼稚園に行くか行かないかぐらいの年頃でしょうね、それを帽子に入れて、夜バーに持っていくと一〇セントで買ってくれるんですよ。気前のいいのがアメリカ人でね。ペイデイとか金曜日はものすごく騒々しいんですよ、爆竹ならしたりしてね。ところがその翌朝、外に出てみると、銀貨、五〇セントの血がついたのが落ちている、だから僕らは怖いけれども、とにかく外に出てお金が落ちているかも知れないと探すんです。完全に酩酊した兵隊同士が殴り合いをしてお金を落としたのかどうか分からんけれども、お金なんて持っていない僕らにとっては大きな収入になるんです。そういうこともありましたよね」

「それに知ってます？フィンガーファイブって？父親が経営する米兵相手のバーで育った歌手グループ、リンリンリリン、リンリンリリンって歌ってましたよね、それも家の近くでした。とにかく、毎日、夕方から夜になるとアメリカの兵隊が当たり前に通っている世界でした」

「レストランもステーキとかロブスターとかかなり高級で、それだけじゃなくてクリスマスごろになると基地を開放するんですよ。床屋じゃないけど、行けば赤と白のキャンディとかがもらえるんですよ」

「それに、沖縄にリトルリーグを作るということで、米軍は学校に野球用具を支給して、近隣の小学校同士の対抗試合を基地の中でさせるんですよ。とにかく何もなかったですから、僕らの小さいころは」

「ということは、何となく怖いけれどもありがたい存在でもあったと?」

「ありがたいというのかな、とにかく野球ができたと、そういうことじゃないですかね」

貧しい生活の中で子どもなりに感じていた「恩恵」。だが、そんな先に、基地があるということはどういうことなのかを実感せざるを得ない事件が起きたのだ。

「起こったこと自体、絶対許せないことだけど、身柄を押さえることは絶対でしょう、でも野放し。こんなこと絶対に許せませんよ、どこの社会でも。結局、植民地といっしょです、はっきりいえば、植民地と…。僕ら、植民地の貧しい原住民なんです。とにかく、基地が僕らの生活の中に入り込んでしまっていることを実感したんです」

座間味さんの「絶対」「植民地」「原住民」といった荒々しい語気の強さに驚かされた私は、それ故に生徒会長としての責任を全うしようとしたのだろうかと推測した。

## □事件は人生の原点となった

「高校生ですからできることは限られますよね。しかし、座間味さんは生徒会長だった、そういう責任感も…?」

「ありました。あのとき、名護高校や普天間高校、那覇高校ではわざわざ全校集会開いて、事件のこと、僕らのこれまでのこと、どういう思いでいたのかっていうことを聞きたいということで呼ばれたんです。僕は那覇高校に行きましたけど、とにかく自分たちも高校生だけれども現実を直視しないといけない、許せないものはやっぱり抗議していかないといけない、原因は基地問題だということを真剣に考えていかなければいけないということを強く訴えましたね」

「前年にB52が落ちた読谷高校でも高校生がいろいろ活動を始めていましたよね？」

「全部同じですよ。みんな命が危なかったかも知れないという恐怖でしたから。やはり同じ沖縄の高校生としては何かいわなくちゃいけない、行動しなくちゃいけない、書を捨て、まちに出よう！ですよ。気持ちはみんな同じだった思いますよ。大人たちだけではなく、もう自分たちの問題としても考えざるを得なかったってことですよ」

「スピーチ内容は自分で？」

「抗議大会では生徒会代表の発表の場があるからねと。それが、県民大会を前原高校でやることの意味なんだということで自分も書きながら、生徒会の何人かとも話し合って抗議文を作ったんですよ」

「苦労しましたか？」

「一点集中、基地撤去ですよ。そしてこの事件では犯人の引き渡し、それだけです。お互い議論する中で作り上げたものです。僕らメンバーで四苦八苦しながら、とにかく訴えなきゃいけないと、まず訴えるところから始めないと何の意味もないわけですから。教師は全く関係なかったです、それが校風ですから」

その「校風」について座間味さんはこんな解説をした。

「沖縄文教学校というのがあったんです。沖縄戦後教育の教員養成を担った学校で、それが前原高校の前身なんですね。沖縄戦を体験した学徒たちの生き残りがここで勉強したんですよ、自分たちが戦後教育の先頭を切るんだという気持ちで。自分たちの怒りをぶつけるときはぶつける、世の中に不条理があればなくさなくちゃいけない」

「そこでは生徒は生徒の意見をいうし、職員は職員で意見をいう。対等だったんですよ。そこから生徒だからと見下してはいけないという校風が作られたんです。前原高校の気質というんでしょうか」

座間味さんは一拍おいた。

「僕も前原高校にぶち込まれてから目覚めましたからね。そのきっかけがあの事件でした。私たちの安心や安全を奪い去る基地という存在。身の回りであのような事件というのはそれまで全くなかったですからね」

それだけに、復帰に賭ける希望も大きかった。

「希望は持ちましたよ、もちろん。何だろう、四・二八（サンフランシスコ条約）で切り離されたということもあるんですよ、沖縄は切り離されたんだと、だからこれを取り戻したいというのが大きかったですよ」

「復帰に期待したいちばんは？」

「憲法です。いちばんはそれですよ。基本的人権をないがしろにされながらも、それを回復する手だてがなかったわけでしょう、何もなかったわけでしょう。だから、日本国憲法の中に入るということだったんですよ」

「座間味さんにとって日本国憲法は特別な存在だった？」

「傍若無人なアメリカ施政権下で戦い取ってきたものです、ひとつひとつ。僕ら沖縄の人は米軍圧制の中から基本的人権を勝ち取ってきたわけですよ。日本国民全体はそういう風に思っていないかも知れませんが、僕らにとって日本国憲法というのはそういう存在です、生活の中からようやく手にしたものだということです」

座間味さんがそう考える最初のできごとが最も身近なところで起きた女子高校生刺傷事件だったのだろうか。

「許せないもの許せない、それをずっといい続ける。あの事件を原点に憲法を自分たちのものにするという意識が芽生えましたね」

# 第五章　書を捨て、まちに出よう

パソコンに取り込んである「高校生運動」というファイルを開いて、さらに「集会・デモ（1969～70）」と分類されたホルダーの写真をあらためて時系列的に見ていくと、ひとつの特徴が浮かび上がってくる。それはカメラを向けるたびにヘルメットを被った高校生たちが急増していくことだ。それも「中核」「革マル」など本土でよく知られたセクトではなく、「反戦」という二文字を大きく刻み込んだ黒いヘルメットだ。彼らは反戦高校生連絡会議という組織のメンバーで、沖縄で結成されたのは一九六九年秋。私がその黒ヘル高校生を撮ったのは一一月の決起集会が最初だった。沖縄返還交渉に臨む佐藤首相訪米直前のことで、決起集会の会場となったのは、いまではその面影すらなくなってしまったが、那覇市の牧志ウガンと呼ばれていた野外劇場だった。壇上正面には「反戦高連」の四文字が書かれた旗を真ん中に「佐藤訪米実力阻止」「七〇年安保粉砕」「嘉手納基地解体」などと墨文字の垂れ幕があって、その文言からも分かるように、これまで沖縄で開かれてきたどの集会よりも政治性を帯びたものだった。そして、「七二年、核抜き本土並み返還」が発表されたあとも、「学園闘争貫徹」「文教局通達粉砕」といった当時の高等学校教育やそのあり方に反旗を翻すなど、学校内での活動も目立つようになっていた。書を捨て、まちに出ようとする高校生たちの登場は、B52墜落・爆発をきっかけとした読谷高校、女子高校生刺傷事件をきっかけとした前原高校だけではなく、高校教師たちの組合である高教組の管理指導の下での集会やデモに参加してきた多くの高校生たちをも翻弄していくことになったのだった。

私は当時の『アサヒグラフ』にこう書いた。

『読谷高校を始め小禄高校、中部工業高校、首里高校、コザ高校、普天間高校、沖縄水産高校など約一〇校、その数は一五〇人。(彼らが掲げた)「ノンセクトの高校生集まれ」のプラカードは、高教組の指導に決別し、なおかつ「反戦高連」などの組織に入ることもためらう高校生の苦悩の現れでもあったろう。「反戦高連」はすでに街頭での激しい行動に出ていた。そして残った高校生の「参加しなければならないが、何をしたらいいのか」という疑問は、高校生の政治活動を上から抑えようとする文教局通達への反発とも重なって、教師不信、教育不信となって広がっていった』(一九六九年一一月二八日号)

私の手元に「学園封鎖による生徒処分およびその後の状況」と題された職員会議メモがある。女子高生刺傷事件が起きた前原高校のもので、生徒の処分は一九七〇年七月六日の職員会議のときに下され三人が退学となった。学園封鎖はいずれもノンセクト系の生徒によるもので、処分理由は授業妨害、窓ガラスなど公共物破壊、教師や反対生徒への暴力行為、教師の指導拒否などとされた。また、処分

「通達」を機に、首里高校で開かれた全校討論集会（1969 年 11 月）

理由は生徒の主義主張ではなく、あくまでも行為、即ち学校の秩序を乱すなど目的のためなら手段を選ばずという生徒の行為が、学校教育の限界、教師指導の限界を越えるものであったというのだ。さらに、メモによれば、学園封鎖が行われた際に彼らは「安保体制打倒」「高校解体」「現体制打破」などのスローガンを掲げながら、机や腰掛けでバリケードを築き、説得にあたった教師に傷を負わせ、窓ガラスを割ったという。そしてこの事件には同校の卒業生が一名、本土からの学生数名が関与し、背後から手を引いていたというのである。

高校生をここまで駆り立てたものは何だったのだろう?

## □写真が語る「断絶」

自分が撮った一三枚の写真群をじっと見つめる。見つめれば見つめるほど、どうしても不思議な光景に見えてしまう。五枚は復帰県民大会に参加するために校門を出ていく一〇数人の教師に照準を合わせたもの。手には「反戦復帰」のプラカードを持ち、胸には「即時全面返還」のゼッケンが見える。次の五枚は教師が出て行ったあとに校門を閉めた学生服姿の一群が「帝国主義反対」「軍国主義反対」といったどこか借りてきた感のある立て看板と、「受験体制打破」「学園民主化」などと書いたプラカードを鉄格子にくくりつけている写真だ。教師がいなくなったあとに学園を封鎖したようにも見える。そして残った三枚はそんな高校生を黙ってチェックしている先生の姿だ。

撮影は前原高校の正門付近で、女子高生刺傷事件が起きる半年ほど前のものだが、教師が掲げる復帰スローガンと生徒が掲げる学校教育への異議を申し立てたスローガン。このふたつのシーンから伝わってくるものは教師と生徒との間に横たわる「断絶」だ。

現在、うるま市で印刷業を営む照屋勝則さん。

「ボクが前原高校に入ったときは、もうすでに学校とノンセクト系の生徒は対立してましたね。ボクも何を勉強したか憶えていない代わりに、政治的な運動に関してはいろいろ本を読み漁ったりもしてましたね。マルクスの共産党宣言とか経済学批判、資本論。レーニンの帝国主義論とか国家と革命といった本を手当たり次第読みました」

「当時、教師といえば、復帰運動の先頭に立って燃え上がっていましたが、一方で、復帰に対する幻想もそのままというか、例えば、小学校では復帰するんだから標準語を使え、方言は使うな、というようなことを生徒に強制したし、基地問題にも核疑惑があったわけですけど、そこのところは曖昧にしたまま、結局は復帰優先ということで容認してしまったというところがあって、ボクらは教師のそういう姿勢や復帰幻想に対して非常に反発しました。学校も教師側に立った活動であれば認めるけど、そうではない生徒たちには冷めた目で見ていました。高校生はあくまで高校生らしくという考えは、結局、高校生は考えるな、ということですから、高校生が自分たちの頭で考えることに対しては冷たかったですね。学園封鎖というのは思想的にも突出した運動の形態でしたから、当時の先生たちの理解では相容れないものだったんでしょう」

「ボクが目覚めたのは、やはり女子同級生の刺傷事件です。しかも、自分の中学二年生のときのクラスメートがこんな目に遭うとは思ってなかったし、本当に衝撃でした。知ったのは新聞です、新聞取っていたんで。もうびっくりして言葉も出ませんでした」

「こんなに写真を撮っていたんですか？　この中にいるかなあ、あのときは高校に入学してすぐでしたから。抗議デモには参加しましたが、二年生が先頭ですからボクらはずっと後ろの方でした。これは平良川通信隊に抗議したときのデモですね。雨の日でした。刺した米兵が所属していた基地で、犯人を差し出せといって抗議しました。金網の中に逃げ込んでしまえば警察は手も足も出せませんでしたからね。人を刺しておいて逮捕できないなんておかしいと知ったのも初めてでした。だからこの事件が、ボク自身、政治的な活動に関心を持つ引き金になったんですね」

「この刺傷事件では学校も全力で県民大会とかデモ行進をやりましたから学校に対する不満はなかったですね。しかし、校庭での抗議大会が終わったあとの六月二二日、日米安全保障条約の自動延長が決まった日に、ヒロジさんたち三年生が、こういう事件は沖縄が返還されても何も変わらない、防げないといってバリケードを作って学校を封鎖するという行動に出たことで、学校は夏休み中だというのに彼らを退学処分にしたんですよ。学校側はそういった一部の突出したというか、高校生にあるまじきというか、そういう高校生に対してはこれ見よがしの処分をしてきたんで、それについては納得できなかったですね」

## □職員会議メモに見る退学処分その後

私の目の前にもうひとつ、一九七〇年九月のある日の職員会議のメモがある。

『前原高校被処分生徒とそのグループの二学期の動き』

『夏休み最終日の八月三一日の職員会では、予想される始業式での妨害行為に対して、HR担任は自分のクラスを、担任外は乱入者に対処することにした。九月一日、始業式当日、すでに処分された二人の生徒のほか五、六人の本校生徒、それに他校生徒四、五人がやってきたが、他校生徒は職員が排除。本校生徒は携帯マイクで一般生徒に呼びかけたが、職員の制止で一時静かになる。校長挨拶が始まると再び妨害行為に出、そこに他校生徒ふたりも加わるが職員が制止。校長の話が終了すると同時に被処分生徒がマイクを奪おうと壇上に上がったが、教師に引きずり下ろされ、さらに一般生徒に呼びかけようとしたが、それを制止しようとする教師、さらに他校生徒を排除しようとする教師とそれを阻止しようとする生徒の間で数分にわたり小競り合いが起こる。一般生徒に対しては始業式を終える旨を告げ、解散させる』

職員会議メモから浮かび上がってくるものは処分決定に反対する行為は徹底的に排除するという姿勢だ。そこには職員と生徒は対等という前原高校の「校風」は消え、予期せぬ高校生の反乱を前に学校のかたくななまでの態度が垣間見れる。

再び、当時一年生だった照屋勝則さん。

「学園封鎖に至った最大の理由は、怒りだったと思います。ボクも退学処分撤回運動にも参加しましたし、そこにはやりたい放題という理不尽な米軍の行動や罪を犯しても無罪放免、裁判にかけられても本国送還でうやむや。そういう米軍に対する激しい怒りと、そんな中で日米が決めた七二年返還では基地は動かず、ただ施政権だけを返すという復帰では問題は何も解決しないということへの激しい憤りがあったし、だからヒロジさんたちも起ち上がったわけで、沖縄の高校生であるからこそ関わらざるを得ないという思いがとても強かったということです」

「高校生だから勉強しないと、という思いも全くなかったといえば嘘になるけど、やはり、活動の方でしたね。運動の方に魅力ありましたね」

「担任の先生も心配して何回か家に来て、親もいっしょになっていろいろ話をしたり、親が学校に呼び出されて話をされたりしたんですが、ある日、突然、ちょうど一学年が終わった春休みですかね、いきなり担任が家に来て、誓約書を書きなさいと、もういっさい政治活動はしませんという誓約書を書けば、学校に残ることができるといったんです。でも、それはできないといいましたね、数日後、自分で腹を決めて、自分で退学届を出しに行きました。校長先生に直接渡しました。びっくりしてましたけど、それが前原高校に行った最後ですよ。七一年の三月でした」

「とにかく、切羽詰まった思いがあったんですよ。一年先はもう復帰だというのにいろんな問題があって、何十万という人が死ぬかも知れないという毒ガス移送の問題とか、一方的な首切り宣告でストライキを頻繁にせざるを得なかった全軍労とか、公害の最たるものでもあった石油基地誘致反対運動とか、あらゆる現場に行ってはビラを配ったりデモに参加したり、地域の懇談会に出たりしていました。学校以上に面白い人に会えて面白い話が聞けて、毎日毎日が新しい発見でしたね。そういう中にいると沖縄も一生懸命に運動すれば変わっていくんだろうなという期待も湧いていたし、そこに突き進むのが自分の人生だと思ったんです」

「復帰の日が近づくにつれて返還の中身がますますはっきりしてきましたね。核はどうなるんだ、といった米軍基地の問題もそうだけど、米軍の代わりに自衛隊が移駐してくるとか、円に切り替わるにあたって一ドルを三六〇円で交換すべきだとか、日米政府が発表した沖縄返還では沖縄は変わらないという不信感があって、復帰を前にゼネストが行われましたよね、一一・一〇ゼネスト。全軍労、沖縄教職員会、官公労、マスコミ労、それに高校生や大学生など一〇万人もの人たちが参加した最後の返還協定批准反対の集会でしたが、あのとき、ボクは琉球大学のノンセクトの隊列に加わらせてもらって、デモもあのときは牧港の民政府前まででした。その途中で、学生が火炎ビンを投げて警察官が死にましたよね、機動隊員がひとり死亡しましたよね。そのせいもあって機動隊の目の色が変わってましたよね。催涙弾をどんどんどんどん打ち込んできてね。あのときはもう凄まじかったですね。ボクも旗竿を持って、まあいいにくいけど機動隊に突っ込んでいって蹴散らせて、こっちも逃げるんだけれども背後から催涙弾をガンガンガンガン打ち込まれて何というか阿鼻叫喚というか、みんなもう逃げ惑って、息もできない、涙がポロポロ出て、その光景がいまも強烈に焼きついていますね。催涙弾を直撃されて頭から血を流す女の人とかいましたからね」

ゼネストの集会場となった与儀公園から目的地の米国民政府まではおよそ四キロ。六万人が作りだした途切れる間もないまま延々と続くデモはこれまでの最大となった。その中で起きた警備中の機動隊員が火炎ビンに包まれて死亡するという事故。これも戦前、戦後を通じて沖縄では初めてのことだった。

そして、大荒れとなったこのゼネストを最後に、復帰に向けたさまざまな運動や闘いは幕を下ろしていく。高揚感に包まれて終えた人も、無力感に襲われながら終えた人も、いちように「もはや復帰を待つだけ」という気分にあった。

照屋さんも、そのひとりだった。

# 第六章　沖縄が燃えた夜

沖縄南端、摩文仁から糸満・那覇方面を走る国道三三一号は途中から県道二五六号線に分かれ、糸満市の中心地、糸満ロータリーに向かう。当時は、いまのようなセンターラインのある二車線ではなく、一車線で、しかも道幅も狭かった。沖縄史上初めてという反米暴動の要因ともなった事故が起きたのはロータリー手前一七〇メートルのところで、限りなく九〇度に近いカーブがあるあたりだった。それを知ってか知らでか、二六歳の米海軍二等軍曹は時速一五マイル（約二四キロ）の制限速度地域を六〇マイル（約九六キロ）の猛スピードで駆け抜けようとしたが曲がりきれず電柱に激突、その勢いのまま道路端を歩いていた女性を轢いたのだった。夜十時過ぎのことで、ふたりの高校生が事故に気づいた。

「あのときは高校三年生で受験勉強をしてたんだよ。トイレは家の外にあってさ、そこにいたらものすごい音が聞こえてきたわけさ、バシュという音が。慌てて窓を開けて見ると、外人ね、酒が入っていたのかふらふらで、車は電柱にぶつかって、そしてよく見ると、歩道を歩いていたらしいおばさ

んが電柱の向こうのブロックに飛ばされているわけさ。完全に即死状態というのかな」（玉城雅夫さん）

「あのときは一八だった。右側通行といっても一車線だからね、こっち、こっち、ここだったよ、名城の方から来たけどカーブを曲がりきれずに電柱に激突したんだ。アメリカ兵、酔っ払ってた、べロンベロンよ、もう。そこにブロック塀があるさね、女性は寄りかかって座っている感じだった。頭打たれてからに脳みそが出ているのがすぐ分かった。誰かが救急車で連れて行ったけどもうだめだったらしい」（金城朝栄さん）

事故が起きたのは一九七〇年九月一九日の夜。翌日、地元新聞はこう伝えている。

【糸満】十八日午後十時五分ごろ、糸満町字糸満九九九、小渡商店前道路で名城方面からきた米兵の運転する乗用車が道路端を歩いていた字糸満一一四三、金城トヨさん（五四）をひいて死亡させるという事故があった。糸満署の調べだと一五マイル地点を米兵は六〇マイルの猛スピードを出しており、ハンドルを切りそこねたまま道路脇に駐車してあったピックアップに接触、その近くを歩いていた金城さんを約一五メートルはねたうえひいて近くの鉄柱に激突、さらに約二メートル離れた電柱に車体前部を突っ込んで止まった。金城さんは通りがかりの車で那覇病院に運ばれる途中で死亡した。米兵は酒気運転らしい。（『琉球新報』一九七〇年九月一九日付）

事故から三ヶ月。那覇米空軍基地内にある軍法会議は、証拠不十分を理由に無謀運転致死罪で起訴されていたトミー・ワード米海軍二等軍曹に無罪をいいわたした。新聞はこう報じている。

「ノット、ギュルティ（無罪）」。陪審員からのメモを受け取った判事が読み上げた。「評決の理由はいっさい明らかにしない」と説明があって軍法会議は終わった。〈れき殺〉の残酷さに比べて何とあっけない判決か。「われわれの常識では考えられない」――。傍聴席にいた遺族関係者だけではなく、沖縄の人々が驚き、怒っており、大きな波紋を広げそうだ。「人をひき殺して無罪とはどんな裁判をしたのか。人道的にも考えられない（警察本部交通部長）」（『琉球新報』一九七〇年一二月一二日朝刊付）

警察関係者すら疑義を唱える判決から八日経った一二月二〇日、この無罪判決を引き金とした最大級の衝撃的な反米暴動が起きるとは、このとき誰も予想していなかった。

## □毒ガスの怖さが目の表情に

反米暴動の前日、一九七〇年一二月一九日午後三時。

たくさんの女子中学生が立ち並ぶ中、私は八人の生徒にレンズを向けた（P118）。前列四人の前には看板が二枚あり、そこには「米軍の一方的な毒ガス撤去政策を許すな」「くたばれ毒ガス」と書かれている。後列の四人を合わせた八人の視線はいずれも一点を見据えていて、それは一瞬も見落とすまい聞き落とすまいという必死さそのものだ。土曜日の授業が終わった午後、美里中学校で行われた「毒

集会には中学生の姿もあった

ガス撤去要求県民大会」でのひとコマだが、毒ガスという住民も知らない合間に持ち込んだり貯蔵してきた危険物を直ちに撤去せよ、という大人たちの声が飛び交う中、八人の女子中学生は緊張が凍ったかのような表情でたたずんでいた。改めて写真を眺めてみると、それは後づけかも知れないが、もはやただならぬ事態がいつ起きてもおかしくないということを物語っているかのようだった。

いまは六〇歳半ばとなった写真の中の女生徒のひとり、育子さんがいう。

「やっぱり毒ガスも基地もなくなればいいという思いじゃなかったかな。うちの父は基地に勤めていたから家ではあまり強くはいえなかったけど、何かずうっと米軍の下で見下されている感じで生きてきたから、毒ガスも基地もなくなればいいという思いは強かったですね」

「看板にはくたばれ毒ガス、毒ガス許すなとありますね？」

写真に写り込んでいたもうひとりの女生徒、絹子さんが思い出したようにつぶやく。

「貯蔵されていた弾薬庫の近くに住んできたじゃない、やっぱり怖かったよね、毒ガスまであるなんて知らなかったもんね」

「みなさんのこの目の強さというのはどこからきているんですか?」

「大人たちの話をしっかり聞かないといけない、という思いはあったと思います。何せ中学生ですから。真剣に考えなければというのが目に出てたんじゃないかな…」

育子さんの話に相槌を打ちながら同級生だったという律子さんが異見を挟む。

「それもあるし、毒ガスという言葉の恐ろしさ、そんなものが沖縄に置かれていたという恐怖感、私たちは何でそんないやな思いをしなければならないのだという悔しさが目に出ていたんじゃないかな」

大会に参加した意味を強く目に表した八人の女子中学生をカメラに収めた私は、「窒息か、ただれるか、毒ガスの島民」「生死の岐路に立つ沖縄」「我々はモルモットではない!」「NO POISON」などと、毒ガス被害を想像させる文言を書き込んだプラカードを揺らしながらデモに転じた教職員会や全軍労、官公労などの組合員、さらにはヘルメットを被ったセクトの学生に密着しながら、二キロ半ほど先にある毒ガス貯蔵が発覚した「第267化学中隊」に向かった。そこはまた前年の一一月に起きたB52墜落・爆発事故の現場から二キロという近さにあった。だが、驚いたのは、ゲートの入口脇に立つ案内板からは「化学(CHEMICAL)」という文字が消え、単に「第267中隊」と書き換えられていたことだった。極秘とされてきた基地の本性を垣間見た瞬間でもあったが、それはまた、基地の中ではヤギやウサギが飼われていて、これらの動物は毒ガス探知のためだ、というこれまでの噂が事実となった瞬間でもあった。

そもそも噂が事実となったのはアメリカの『ウォールストリートジャーナル』のすっぱ抜き記事だった。この中隊に所属していた二四人の兵員らが致死性の神経ガスに触れて病院に収容された、というのだ。さらに事故発覚に伴って表面化した情報では、この化学部隊が沖縄で極秘裡に再編されたのは一九六二年のことで、目的は生物化学兵器が人間や動植物にどんな影響を及ぼすのか、そのための実験を行うという国防総省プロジェクトの一環だったというのだ。

事故発覚後、アメリカ政府は沖縄からの撤去を発表、美里中学校での集会は移送先となったジョンストン島での受け入れを巡る議論が続く中で開かれ、一日でも早い全面撤去と移送の安全性への懸念が急速に高まっているさなかのことだった。デモは、基地の金網を挟んで角材を手に「安保粉砕」を叫ぶ学生と警備の機動隊が攻め合うというひと幕はあったものの大過なく終了、参加者たちは明日は日曜日という夜の帳の中に散って行ったのだった。

私も「第267中隊」をあとに那覇に戻った。もちろん、それから六時間後にこんな衝撃的な事件が、よりによってあの街で起こることなど予想すらできなかった。

## □「糸満を繰り返すな」

今郁義さん。当時、二四歳。

「ちょうどその日は午後遅くから毒ガス撤去反対の県民大会とそのあとのデモがあって、それを終えて、これが今年最後のデモだなというようなことを仲間と話しながらコザに帰ったんだよね。そして、今度は基地労働者の首切り反対ストライキや毒ガス全面撤去への支援を訴えるビラを電柱とか壁とかに貼るために、仲間四人と出かけたんかな。ひとりは空き缶に作ったノリを入れて、ひとりはそのノリを電柱や壁に塗って、ひとりはその上にビラを貼るということをやってましたね。前の年の一一月に、コザ周辺にいる二〇代前半の若い人たちといっしょに中部地区反戦青年委員会という団体を作ってたもんだからね、その活動の一環で。ビラ貼りは大体、軍用道路二四号線（現在の国道三三〇号）沿いで、コザ十字路から高等弁務官など軍の高官住宅があるライカムの近くまでの二キロちょっとかな、道路の両方、だから片側が終わればUターンして逆側を戻ってくるという感じでやってました」

「二四号線沿いも米兵は多いし米兵相手に商売する人も多かったから、基地反対とか反戦のビラ貼りというと、多少は何ていうか緊張感はあったたね。でもその日は毒ガス撤去の集会が盛り上がっていたから、意外とそんなに怖くはなかった。仲間がいるというか、ちょうど忘年会の時期だったし、歩いていると、集会やデモの参加帰りだという人や知ってる人が結構いて、飲み屋からご苦労さんとか、声かけられたりしてましたからね」

「そんなときに、道路上で人だかりができているのを見たんです。行ってみたら、沖縄の男性が倒れていて、黄ナンバーが止まっていたんですね。黄ナンバーというのは米兵が乗っている車でプレートが黄色だからそう呼ばれていたんだけど、その車のそばに人が倒れている中でMPが事故処理をやってました。沖縄の警察も来てたけど、捜査権はないですから全部処理はMPがやっていて、その捜査が終わったのか車ごと米兵を帰そうとしたものだから、帰したらダメだ、ということを誰かがい い出して、そのうちに聞こえてきたのがイトマンを繰り返すな、という言葉で、あ、そうか、と糸満の主婦、金城トヨさんのことをすぐ思い出しましたね。轢き殺しても相手が米兵だったら軍事裁判では無罪になってしまうんだということが、沖縄の中で明らかになったばかりだったんで、そういうことが起きちゃいけないんだ、ということをそこにいた五～六〇人の人たちが気がついて、糸満を繰り返さないためには、とにかくこの米兵を返しちゃだめだとＭＰとやり合っているうちに、車をひっくり返してっていうことになっちゃったんだよね」

## □ＭＰはピストルを上に向けた

与座順清さん。当時、タクシー運転手。二四歳。

「自分は中の町が賑わっていたので飲みに行こうと、友だち二人で店を探しながら歩いていたんだ。そこで事故に遭遇した。外人が事故を起こして、そこにＭＰが来ていて、ちょっと質問をしてそれで帰そうとしたんだ。それを見て、集まって来ていたみんなが止めたんだけどね。そのときにＭＰが拳銃を上に向けたんだ。それがスタート。最初はそれから始まったんだよ。人を車でぶつけて、ＭＰが来て、そこで米兵の運転手にＭＰが帰りなさいといったよ。それはダメだ、きちんと事故処理させないさい、とみんなが叫んだら、ピストルを上に向けたんだよ、そこから始まったんだ」

## □黒煙、やがて真っ赤な火の粉が

中根学さん。当時、コザ高校二年生。一七歳。

「いつものように受験勉強をしていましたからね、一時、二時ごろまでは起きていて、その夜も、二階のベランダに出てダンベルを使った寝る前の運動をしていたんです。自宅は飲食店が連なる中の町中通りからワンブロック奥に入った角っこにありました。嘉手納基地第二ゲートまでは直線距離にして五〇〇メートルほどかな。すると、暗闇の中をかなりの数の人たちが走る靴音が聞こえたんです。がなり立てている言葉は英語だったので、すぐ米兵だなと分かりましたが、ただ走っているという感じではなく、何かから逃げている、というような、そんなただならぬ緊迫感が伝わってきました。バーやクラブ、ライブハウスにキャバレー、ヒージャー（ヤギ肉）店、割烹といった店が並ぶ飲み屋街の提灯明かりの中を、シルエットの一団となった米兵が一斉に向かっていた先は基地ゲートの方向で、脇目も振らずに駆けていく様子にかえって私の方が、何事が起きたんだろうかとびっくりしました」

「それから二、三〇分経ったのかな、またベランダから大通りの方向に目をやると、最初は黒煙だけだったのが、やがて真っ赤な火の粉が巻き上がってですね、ぱっと燃え広がっていくのが見えたんですね。二〇〇メートルほどの距離があるんですが、みんな平屋ですから見通せるわけです。その屋根越しに大勢の人が上げているとしか思えないすさまじい歓声が聞こえてくるんですよ。逃げ去る米兵だけでも異様なのに、中の町一帯に渦巻いているかのような騒ぎから、これはきっと米兵絡みの事件が起きているに違いないと、高校生の私でも分かったですね」

## □カップルを見てアドレナリンが・・・

ブルース・リーバーさん。当時、MP（憲兵）。二一歳。

「私は相棒の軍曹と50Aというパトロールカーに乗ってコザの街を走っていたんだ。ゲート2ストリート、BCストリート、ルート24がいつもの巡回コースでね。あの夜はクリスマスが近いというのに、街は静かで、バーが並ぶ通りにはいつものようにGI（アメリカ兵士）を店に呼び込む女性以外、沖縄の人もあまり見なかった。犯罪もなく、誰を逮捕するということもなかったし、どちらかといえば退屈だった。そんなときに無線電話が鳴ったんだ。ちょうどボーリング場近くを走っているときで、午前一時過ぎだった。ゲート通りと交差するルート24付近で交通事故があり、現場で対応しているMPに応援が必要だが緊急事態でもないとあいまいだったが、われわれがいるところと数ブロックしか離れていないこともあって、すぐ現場に向かった。ほんの数分の距離だったからね」

「現場近くに車を停めて降りてみると、救急車のヘッドライトが眩しかったことを憶えているよ。後ろのドアが開いていて、そこに沖縄人の男性が横たわっているのが見えた。周りには何十人かの群衆がいて何か叫んでいたが意味は分からなかった。MPと地元の警察官がやってきて、何が起きているのかを説明してくれた。それによると、USARYIS（在琉球米陸軍）の認可を受けた黄色プレートのGIが運転する車が救急車の後ろに座っている男性に衝突したというんだ。そして地元警察官がいうには、集まっている群衆はGIの車を事故現場から移動させるな、と叫んでいるというんだ。われわれが話し合っている間にも群衆は増え始め、ますます興奮した声を上げてわれわれを取り囲み始めた」

「地元の警察官が私に、あなた方はすぐここを立ち去った方がいい、あとは自分たちが処理をするといってくれた。群衆が増えれば、私は道路脇に停めた50Aの車まで戻る道がブロックされてしまうことを恐れたけれども、それでもまだ脅威や恐怖を感じてはいなかった。アドレナリンがどっと溢れ出たのは、車に戻って、フロントガラス越しの群衆の中にGIと手をつないだ沖縄人女性を発見したときだった。思わず、ファックと叫んだよ。これは危ないと直感したんだ。このカップルがどこから現れたのか分からないけど、騒動を見て興味を持ったんだと思う。案の定、ふたりが罵声を浴びせられたりしているのが見えた。そのまま残して立ち去るわけにはいかなかったので、車を出て、彼を掴み、私について来い、といってカップルを連れてきてパトロールカーの後部座席に座らせ、走り去ろうとしたとき群衆に車を取り囲まれてしまったんだ。何が気に入らなかったのか分からないけど、恐らく、ＧＩが沖縄女性といっしょにいたことだろうと思った。ともかく、そこから早く脱出しようと焦るけど、群衆は急速に脅迫的な暴徒と化していて、われわれの車に手をかけて揺り動かされたときに初めて恐怖というものを感じたね」

「怒った沖縄人が取り囲む中、アクセルを踏んで少しずつ前進させたけど、ますます危険が高まっていることを感じたので、無線マイクを手に〈１０―２（緊急、要支援）、全ユニット１０―２、１０―２、ユニット５０Ａが支援を必要としている、ルート２４、モロミストリート。コザ、ゲート２ストリートのすぐ南だ……〉と叫んだよ。全車に伝わったと思う。無線ネットワークを使った呼び出し音声が車内にも響き渡ったからね。地元警察の努力もあってようやく解放されたわれわれは通りの反対側にＵターンする形で車を停め、鍵を抜き、飛び降りて、ＧＩとガールフレンドを後部座席から出して、すぐに逃げろ、そしてできるだけ遠くへ行け、と伝えたんだ。時間は二時ぐらいだったと思う」

## □最初の炎上

今郁義さん。当時、二四歳。

発端は交通事故処理。そのまずさが暴動の引き金となった

「最初の事故と反対車線でまた米兵の車と歩行者が接触したんですよね。接触して倒れて、倒れたもんだから向こう側の事故現場にいた人たちがこっちに集まってきて、それでこの事故処理をめぐってまたMPが米兵の運転手を引っ張り出して連れて行こうとしたものだから、渡したら絶対駄目だ、これではまた糸満の二の舞だ、というようなことを話してたりしているうちに、空っぽになった車の周りに集まった二〜三〇人が揺すりながら押していって、えいやっ、という具合に車に手をかけた。車はふわっふわって浮いたと思ったらあっという間にひっくり返っちゃって、その中に僕もいたけど、車というものはこんなに簡単にひっくり返るんだなってことが初めて分かりました」

「そうすると今度は、ちょうどいま向こうにローソンがありますが、あそこは昔のカルテックス給油所だったんですね。で、あそこでガソリンを買ってこいっていう誰かの声が聞こえたんですよ。それで誰かがガソリンを買いに走った。僕じゃないですよ。そうこうしているうちにひっくり返した車にもう火がついているんですよ、たぶん誰かがガソリンのキャップを開けて、いまと全然違っていとも簡単に開いたみたいなんだけど、そこに火をつけたんでしょうね。ガソリン買いに行った人間が戻ってきたら火がついているもんだから、何で、もう燃えてるじゃないか、っていう声が聞こえてきました。それが最初に燃やした車でしたね」

「そうなれば、いまはもうスーパーサンエーに変わってしまったけど、もともとそこは米軍将校相手の京都観光ホテルだったんで、全部黄ナンバーの車が停まっていたんです、駐車場には。そこから車を引っ張り出してきて、燃えている車まで押していって、もうひっくり返す必要はないからぶつけるとボンという音がして燃え上がっていくんですよ」

## □申し出た威嚇発砲

ブルース・リーバーさん。当時、MP（憲兵）。二一歳。

「暴徒らが黄色プレートの車を引っ張りだし、ひっくり返し、燃やしているとき、われわれはゲート2ストリートにいた上官と合流した。歩道から飛んでくる石やビンの中を10―2の呼びかけに応じたパトロールカーも到着していたけど、もはや暴徒たちは制御不能で、われわれはただただ黄色プレートの車両を見つけては道路の真ん中に押し出して燃やす彼らを見ているしかなかった」

「だから、上官の大尉に〈暴徒を抑えるには威嚇射撃しかない〉と申し出たよ。兵士だから銃を使いたいという気持ちは常にあるからね。大尉は、OKを出してくれた。もう行き詰まっていたし、だからこそ銃を使うべきだと思った。しかし、何といったらいいか、沖縄は戦場ではないから、そのときの気持ちをどう説明をしたらいいのか…。ともかく暴徒たちに対して威嚇射撃をした。私も四五口径のピストルを取り出して上空に向けて三発撃った。一〇数名のMPが撃ったと思う。暴徒たちは少しひるんだようにも見えたが、効果はなかった。この威嚇射撃が暴動を誘発したとは思わないね、なぜかって？　もうすでに暴動状態だったからね」

## □「万余の市民が騒ぎ出した」

高嶺朝一さん。当時、『琉球新報』コザ支局記者。二六歳。

「毒ガス移送反対の抗議、反対の集会を取材して、その夜は中の町交番のすぐ近くのスナックで、みんなで打ち上げしてたんです。那覇から応援に来ていた社会部の記者とか労働組合の人たちもいっしょになって。そのうち、那覇に飲みに行こうっていうことになって、みんなでタクシー乗ったところで、トラックに乗った武装米兵が来るのに出くわしたんですね。それでこれは大変だと、記事書かないといけない、取材しないといけない、写真撮らないといけない、そう思ってですね、よくよく周りを見渡すと、憲兵隊と整列した武装米兵とが道路の両側にいるんですね。また、歩道には住民が一〇〇人ぐらいいて、石やコカコーラビンやビールビンとかをどんどん投げている。そしたら、武装した兵隊とMPたちが拳銃を空に向けて威嚇発砲するんです。そういう光景、正直、映画でも見てるような感じでした。しかも酔っ払っていますからね、われわれも」

「少しでも情報を得ようと中の町交番に戻って、顔見知りの私服の警察官、刑事とか何名かいましたので話を聞いても、どうなっているのか彼らもよく分からない、どうも米兵が沖縄の人を轢いたらしい、轢いて逃げたらしいという話をするんですね。私も気が焦ってきましたから、燃えている車やその周辺の状態を取材しなければと歩き始めたわけです。これがそのとき書いた記事です。読みますか？　万余の住民、万余の市民が集まって騒ぎ出した。このため米軍は武装米兵数百人を出動して、道路を封鎖する一方、催涙ガスなどを発射して鎮圧に乗り出している…。これは午前三時ぐらいに出稿した記事です」

## □真ん中でひっくり返して燃やそう！

与座順清さん。当時、タクシー運転手。二四歳。

「路地にも停めてある外車があったので、そこで燃やしたら民家に迷惑がかかると困るから表通りに出せ！出せ！というのの手伝いをしたんだ。それで、表に出すと友だちが今度は車に火をつけろというので、自分は大体ライターなど持ち歩かんから、カバンから新聞を取り出して、友だちに火をつけさせて、自分がそれを車に投げ込んだら燃え出したんだ。道の真ん中に出せというのはみんながいっていたか分からんけど、真ん中でひっくり返して燃やそう！というのはみんながいってた」

## □いかんなぁ、でも手を出す自分

中根学さん。当時、コザ高校二年生。一七歳。

「道路で燃えている車の脇を恐る恐るというか怖々というか、そんな気分で渡りました。大人たちといっしょに行動しようと思ってですね、その辺がまだ子どもでしたから。何しろ、燃える車もひっくり返った車も見たのはそのときが初めてでしたし、一台どころか、給油所の前には二、三台もあったわけですから。しかも、路上では大人たちが〈ありんアメリカーぬ車やさ。めーせぇー（あれもアメリカの車だから燃やせ）〉とか〈イエローナンバーやさ、むるいじゃせー（イエローナンバー車は全部路上に引きずり出せ）〉みたいなことを大声で叫んでいるわけですから。そうするとその声に合わせたかのように次から次へと、何人かのグループがイエローナンバーの車を見つけ出し、〈せーの〉の掛け声とともに車道に引きずり出してひっくり返していくわけです。車というものがあんなに簡単に引きずり出されるんだなと。当時のアメリカ車はでかいし重たいし、それがこんなに簡単にひきずり出せるんだなあと……」

「通りに立って見ていると誰からともなく、何でこうなっているのかみたいな会話が耳に入ってくる。交通事故があってMPがどうしたとか、なぜ車が燃えているのかがいながらにして分かる。そうすると、とうとう起きたかということですよね。ひとことでいえば。ただ、沖縄の人がここまでやるとは思わなかったけれど、とうとう起きたかと。それまでの米兵がらみの事件・事故や裁判を通しての結果っていうのは高校生でも知っていたし、前原高校の女生徒が刺された事件もあったばかりでしたからね。そんなことを一瞬考えたりしていると、どこか私も気持ちの高ぶりを感じてですね、何となくもう了解のうちというか…、要するに、これはいかんかなと思いつつも、子ども心に悪いことだろうなと思いつつも、これは仕方ないなという感じで、つい手が出てしまいましたね」

「忘れもしない、この場所です。昔からありますけどね、この金物店。この前で大人四～五人が車の四隅を持って動かそうとやってるじゃないですか。ところがサスペンションが動くのは分かるんだけれども、それを道路に押し出そうとするけれどもどうにもうまくいかないので、つい自分も車の真ん中に手を出して、誰かがいう〈せーの〉というかけ声に合わせて〈ほーい〉という感じでやってて、まさに知らず知らずのうちに手伝ったんですね。だからこの場所はよく憶えているんですよ、ここで自分が手を出したというのを。しかし、実に見事なというか、ひとりのかけ声で車を出して、ひっくり返して、誰かが〈ぽん〉とマッチを擦って燃やすという流れが実に手際よくというか…」

「自分は何をやってるんだろう、とは意識しなかったですね。結局、一台から二台、二台から三台と手をかけたんですが、最後は〈アメ車の中のアメ車〉と呼ばれていた野生馬のエンブレムに、車好きなら誰もが憧れた薄いブルーのフォード・マスタングでした。そんな車でも、何となくこれはいかんかなとどこかで思いながらも手伝おうかという感じ。いいか悪いかなんていう風にはあまり考えてなかったですね。どこかにはあったのかも知れないですが、意識せずに手伝っていくかという感じですかね。この辺がなかなか難しいところですね」

「それでも印象に残っている会話があるんですよ、あのとき現場にいた沖縄の女の人の言葉ですが、〈これはダメ、これは私の車だから〉といっているんだが、近くにいた大人が〈そうはいっても、と方言でいうんですね、そうはいってもイエローナンバーじゃないかと、この車の主はあんたじゃなくて米兵か誰かだろと、だからもう諦めなさい〉と。何かこの事件の本質を突いたような会話がいまも耳に残っていますね」

## □『取材ノート』から

極秘の毒ガス貯蔵とその撤去を要求する集会とデモの撮影を終え那覇のアパートに戻った私が、コザからの電話を受けたのは深夜のことだった。取材ノートにはこう記してある。

深夜二時過ぎ、今（郁義）さんより電話あり。コザでイエローナンバーの車が燃えているとの報せ。つい先日も糸満で起きた主婦れき殺事件では米兵は無罪となっていた。専横を極める米軍の前にもがく住民の姿が際立つと思っていた矢先のコザからの電話。ともあれ、カメラとフィルムをカバンに詰め行くことにした。

それにしても燃えているとはどういう意味なのだろう？　通い慣れている軍用道路とはいえ、気ばかりがあせる。今さんの電話はすぐに切れた。何が原因か詳細は分からずじまいだったが、軍とのもめごとがあったに違いないと想像しながらも具体的なイメージはわいてこなかった。

島袋三叉路あたりは人垣ができていて、車は停めるしかなかった。軍用道路二四号線沿いに車を停めるのとその先で車が燃えているのが見えたのがほぼ同時だった。何はともあれ、立て続けに三枚シャッターを切った。

街灯の光がボーッと照らす中で、車が燃える炎の光は相当強い。どこに露出を合わせようか、などと頭の片隅では計算しながら、目の前で起きていることを理解するのには頭が回らない。とりあえず腕時計をみると午前二時半を回っていた。

胡屋方面に向けて途中途中シャッターを切りながら歩いていくと、かなり連続して車が燃やされているのが分かる。ほとんど、いやすべて黄ナンバー車だ。沖縄の人々が乗っている車は車道脇に停められていて、黄ナンバーの米人車両のみが道路に引き出され、燃やされている。

燃える車の周りや車を引き出す人々にカメラを向けると「顔を写すな！たっくるすぞ！」と怒声が聞こえてくる。あわてて大丈夫、大丈夫と右手でジェスチャーしながらシャッターを切り続けた。

何がきっかけでこんな騒動が起きたのか、車道に踏み出し気勢を上げている男たちに聞いてみる。「糸満の二の舞にはさせない！」「アメリカーは許さない！」「我慢も限界さーね」などの言葉が返ってきた。やはり、起ち上がったのか、と私自身もある種、興奮に包まれていた。だが、なぜコザで？という疑念もわいてくる。私の知っているコザからはこのようなことが起こる街とは想像すら浮かんでこなかった。

どのくらい時間が経ったのかも分からない。道路を占拠し駐停車中の黄ナンバー車を引きずり出し放火する人々の数はのべで千人単位を数えるのだろうか。サラリーマン風の男たちもいれば作業衣姿の者たちもいる。明らかにバーテン風の若者やバーやクラブの女性と分かる服に包まれた人たちもいる。忘年会帰りの酔客もいれば、昼間行われた毒ガス撤去を求める集会とデモに参加した労働者風の人たちもいる。みんな同じ船に乗っていっしょになって米軍という巨大な権力に立ち向かっている光景といったらいい過ぎだろうか？ いずれにしてもかつてない沖縄の人たちの行動であることは間違いのないことだ。

沖縄が燃えている！

## □「罪悪感なんてないですよ！」

喜屋武幸雄さん。当時、ロックバンド・リーダー。二九歳。

「金武にあるライブロックでのバンド仕事を終えて、ギタリストと歌手のマリーと白人の四人でコザに戻って、深夜営業の店でバンドでも見ようかっていう話しですよね。疲れてて、コザにも仲間がいますから、バンドもいますから、彼たちの顔を見ながらオーという形でビール二、三本飲んで、よければもっと飲んでという形で遊びに行くわけですよ。年がら年中、寝るのは二時三時ですから。そしたら、京都観光ホテルの前でバンバンってやってるから、危ないな、これはだめだ、ということで、ギタリストを先に、そして白人を帰して、車を片づけて、ホテルの前に戻ってきたわけですよ」

「目の前では車が燃えてるから、わっ、これはすごいと思って見ていたら、また一台引っ張り出してきた車が、道路の真ん中がカマボコのように盛り上がっているものだから、逆に流れてきちゃうんで、それ！止めろ！というので、野次馬みんなで車を止めて、はい、今度は押してひっくり返せ！というので道路の中央に押し戻してひっくり返していたら、誰かが火のついたタオルみたいなものを車の中に投げ込んだんですよ、そしたらぼわーんと燃え上がって、それからですよ、一〇メートル先にイエローナンバーがあるからあれもやろうかということですよ。で、二台三台と燃やしていったと」

「そのうち、どうせやるんだったら、ここの通りにあるイエローナンバーは全部やっちまった方がいいだろうと、それをやることによって、アメリカ人たちも少しは気がつくだろうと、怒る沖縄人の思いが少しは身に染みて感じるだろうと、そういう思いもだんだん出てきて、罪悪感どころじゃないですよ、納得してる、納得してやってる、あのときはもう沖縄の人はみんな怒ってるわけですから。だから僕も民衆側に立って怒っていたわけですよ。罪悪感なんてないですよ」

「バンドマンのときは何をするにもいつも僕はリーダーですから、おい、お前たちも手伝えといって集めて車をひっくり返していたら、いつのまにかここでもリーダーになっていた。そうか、とそのときに、いままで心の中に秘めていた自分の生きざまや、うちのおばあちゃんは米兵に轢き殺されたんだとか、戦争のときのこととか、あの白旗の少女（沖縄戦のとき米従軍カメラマンが撮影した降伏する少女の写真）は自分だったなあとか、いろんな思いがごちゃまぜになって浮かんできて、いつの間にか、次はあの車だ、あれを引っ張り出せ、イエローナンバーは全部だ、うちなー（沖縄）の車に手をつけてはだめだぞというような指示を出していました」

「燃え上がる火を見ているとね、ムラムラしてくるわけですよ。僕らはAサインバー（米軍認可のバー）でバンドをやってる。ヴェトナム戦争の真っ最中でしょう、アメリカ人たちは〈山帰り〉というんだけど、ヴェトナムの山で戦争をして、休暇をもらって沖縄に帰るわけですよ。ところがだんだん負け戦になって、休暇をもらったけれどもまたヴェトナムに行かなければならない。行きたくないわけですよ、五人に一人が死んだといわれていますから。だから沖縄に帰ってくるといちばん最初に女を買いにいく、次に酒を飲む、最後に僕らのバンドを聴きにくる、というのが一般的な流れなんですよ。それに山帰りといったって酒が強いわけでもないし、店では泡盛の強い酒にソーダを混ぜたようなものを飲まされるから、五～六杯ですぐ酔っ払ってしまうわけですよ」

「そうすると、ヴェトナムで戦っていたけど、ヴェトナム人の敵と沖縄の人、フィリピンの人、同じように色が黒くて黒髪してるから見抜けないですよ。そのうちに僕らがプレーしていると、いままで自分たちがヴェトナムで戦っていたヴェトナム人が目の前でプレーしていると錯覚する、いちばん危ないのはLSDをやってるやつで、LSDというのはフラッシュバックというのがひどいらしく、これまで自分が戦ってきた敵が目の前にいると勘違いして、僕らが高い音でぐわーんとやると飛び起きてから、僕らに突っ込んでくるわけですよ。分かります？　ダダダダダっと演奏したら、ドラムでも叩いたら、ワーッと絶叫しながら、声を上げながら僕らに突っ込んでくるわけですよ、そんなとき僕らを沖縄の人だと見分けられると思いますか。何で僕らに突っかかってくるか、最初は意味が分からなかった。ところが戦争に行って、怖いからみんな麻薬をやるわけですよ、麻薬をやると全部すっ飛んでしまって、常識とかね、人を撃つのを何とも思わない。そういうのが沖縄に帰ってきてるんですよ。もっとすごいのは店には必ずアイスピックがあるんですよ。氷屋さんからこんな大きな氷を買って、それをアイスピックで砕くんですけども、それを氷じゃなくて手にボンと刺して、兵隊がね、動けなくして今度はナイフを持って弄ぶんですよ、同じ兵隊を。そんなのを毎日見てるわけだから、ときにはとばっちりも受けるわけです。僕の頭のここ、分かります？ 刺されて、七針縫って、これみんな傷ですよ、七針全部傷ですよ、ビールビンで殴られた」

「だから、そんなに簡単な話じゃないんだって。コザ騒動なんてもんじゃないですよ、Aサインの中ってさ。一般の人は分かってないわけさ。なんか、はけ口で、コザ騒動起こしました、気が晴れました、コザ騒動のことを取り上げるといつもみんないってるけれども、もっと細かい、重箱の隅をほじくってもいいから、そこで働いていたホステスがボーイが、あるいは車をひっくり返した奴らが、オレみたいな奴らが、なぜ車を燃やしたのか、そのわけをもっと聞くべきだと思うよ」

「Aサインにいるとよく分かるけど、ここは吹き溜まりみたいなところで、ボーイさんにしてもホステスさんにしても食いっぱぐれた人たちがいるわけでしょう。だから、何でお前ここに来たのなどと人生の裏側を根掘り葉掘りは聞かない。ここで生きて、何とか立ち直って出て行きなさい、一生懸命稼いでねって、それだけですよ。だから兵隊たちからどんなに理不尽なことをされても我慢する。僕もそうよ。だからみんなやっぱり二五年間のアメリカ人に対する鬱積が溜まっていたということですよ。だからあそこでも、みんなやれ！やれ！という感じですよ。、ホステスさんの中には自分の愛人もいるわけです、兵隊の愛人が。その愛人が殴られたり、車を燃やされるのは嫌だけれども、この機会だからやろう！となったのは、やっぱりみんな心がひとつだったっていうことなんですよ。だけど、兵隊たちをやっちまえ、この野郎、殴り殺せ、っていう人はひとりもいなかった、それに略奪もいっさいなかった、車だけが燃やされたわけですからね」

## □父が遺したテープ

金武ミカさん。当時、四歳。

「父は、ゲート通りで外人相手のお土産屋さんをやってたと。それで、あの事故に遭ってしまったといってました。車に轢かれたのはオレだった、ということは私も聞いていました。逃がしてなるものかという思いがあって、アメリカ兵の車の前に立ちはだかったって。本人の話によると、同じ人間だから停まってくれるだろうと、人間の心があるはずだから轢きはしないだろうと。だけど、あてられて、そのはずみで跳ね飛ばされたと。もうそのあとは何も憶えていないと。気がついたら病院のベッドだったといってました。父はそのときのことをテープに遺していたんです」

『事故の前は全部覚えている。最初の事故のとき、中の町のレストランから（大通りに）向かっていた

跳ね飛ばされたミカさんの父

から。ＭＰが走って逃げる、ゲートに向かって逃げる、（そのＭＰがピストルを）撃ったんじゃないか、上に（向けて）。そしたら（車が）燃え始めた。（ＭＰは）走って逃げる、ゲートに向かってもう危ないと思ったかも分からん。そのときから人が集まってきてた。（きっかけは）交通事故だった。（オレも）一〇名ぐらいと二次会をして三時ごろかな、（店を）出たらもう始まってたね。オレも誰かに見られたら大変だから手は出さない、（車を）やったら写真撮られて捕まるかも分からからな』

『（そのときは）胡屋でアメリカ兵向けの商売をしてた。（でも）アメリカは敵だと、石川（小学校）のあれがあったさ、飛行機落ちたとき。そのときから、一七、八（ぐらいの歳だった）かな、アメリカ、たっくるせー、懲らしめろって、そのときから思ってた。（目の前では）たくさんの人がひっくり返して、（車が）燃えてるのが分かった。パレス（ホテルの）車は全部出されたんだよ、みんな、めーせーめーせー、燃やせ燃やせといって。犯罪だけど（自分が見たことは）誰にもいってないよ』

『（あの中で）オレが事故に遭ったのを見た人がいるわけさ。死んだと思ったというわけ。下から（米兵の車が）上ってくる、停めようと思ったけど停まらず、上（空）に五〜六メートル飛ばされて、見ている人が死んだと思ったって。でもよ、どんなしてやられたか覚えている、ちゃんと覚えている。だけど、事故やられてからは覚えていないさ、何も』

## □逮捕しようものなら囲まれてた

稲嶺勇さん。当時、琉球警察普天間署警察官。二七歳。

「家で寝ているときにヘリコプターが飛ぶものですから、母親から起こされて、何かあるんじゃないかと。何で連絡が遅かったかといったら、当時は携帯もポケットベルもない時代ですから、一一〇番通報があったら警察は交番に連絡して、交番のお巡りさんがそれぞれ警察官の自宅を回るんです。私の家にもお巡りさんがとぼとぼ歩いてきて、こういう事件が起きているので出動して下さいということになったわけです。そういう時代です。深夜遅くのことでしたし、しかも当時は普天間署でしたから、家から行くには事件の現場を通り抜けて行くわけです。警察手帳とか階級章、警棒などが入った帯革を置いてきているもんですから、まさに事件の真っ最中に証拠品としての車が燃えているところを通って行ったんですが、もう本当に暴動状態でした」

「命じられたのは現場の状況を把握してこいということでした。しかし、もうそのときは指揮官も、よう指揮できなかったと思いますよ。現場に行っても車は燃やされている、誰が燃やしたか、うちなーんちゅが燃やしたことは間違いないけれども、果たして何罪に該当するのか、誰を何名逮捕すればいいのか、そういうところまでは現場ではちょっと。何といってもこんなこと初めてでしょう？まずは状況を把握して、いったん署に戻って、ああこれはどういう罪名でやろうかということを決めたような状況ですよ。それに、もしあの状況下で逮捕などしようものなら、逆に警察の方が取り囲まれますからね。群衆犯罪っていうのは、私自身、初めての経験だったし、恐らくほとんどのお巡りさんが初めてじゃなかったですかね、こういう事案に遭遇するというのは」

「群衆の心情が理解できるかですか？非常に難しいですね。そういう警察官もいるでしょうね。いるかも知れませんけども、やはり器物損壊というのは、例え理由はどうであれ犯罪は犯罪ですからね。これはきちんとやらなきゃいかんということじゃないですかね。ただ、私自身はもう何が何だか分からなかったと、突然の大きな事案に遭遇してどうしていいか分からんというような状態でした。本当は、警察官ひとりひとりが、いまの世相はこういう状態で一触即発の状態だよ、というようなことを日頃から自覚しておけばよかったんじゃないかなと思うんですね」

## □それぞれの朝

喜屋武幸雄さん。当時、ロックバンド・リーダー。二九歳。

「ここにゲートがあったんです。第二ゲートが。いまはずっと奥に移ってるけど。ゲートを守っていたのは沖縄のガードマンですよ。その先に軍のUSO（福利厚生施設）があったの。その前で僕は車のガラスを割ってたの。ボンネットに飛び乗って潰していた。ブロックとか使って。一台、二台……かな。そしたら、明け方だったけど、基地の中から見ると、ゲートの向こうがいまよりもずっと低くなっていて、そこからカービン銃を持った奴らがちょうど朝日の中を這い上がってきたみたいに黒く見えた。そしてゲートを固めようとするので、その隙を見て走って逃げた。それが最後です。それが僕の最後です」

「でもね、翌日、僕らはまたAサインバーに行ってプレーしなきゃいけないわけですよ。だけどコザで起きてたことは、金武のキャンプハンセン（米海兵隊）の兵隊たちは誰も知らない、だから、いつものようにヘーイ、ピースとか何とかいわれながらプレーしているわけですよ。だけど、演奏しながら、あれ何か違う、と。俺、そういえばアメリカ人の車ひっくり返して燃やしたよなって思い出しながら、今日はここでプレーしてる、お前、どこか矛盾してないかって、そのときですよ、思ったのは。あれあれあれ、俺はいったいどういうことなんだ。そしてすぐ、よし、もう辞めた、バンドマンを辞める、俺はAサインという世界からきっぱり手を引くといって、翌日丸坊主になったんですよ」

与座順清さん。当時、タクシー運転手。二四歳。

「最後、自分はゲートにも行きましたよ。でもね、カービン銃を構えているから中には入っていけない。朝までいたというのはね、この先、自分の仕事はどうなるかを見にいった。あの時分はタクシーを持っていたからね。米兵の乗り逃げはもう普通、ほとんど毎日だよ。逃げればね、その分、兵隊は儲かりだ、お金を払わないから。ゲートの前に停めて、ゲートの中に入っちゃえばタクシーの運転手は入れないから、それで終わり。そのたびごとに被害届を出すと今度はその時間が大変だ。一回だけだったら一時間二時間で終わるかも知れないけれど一回で終わらん、次も来る、そういう状態なのに毎回毎回届けなんて出せるわけないだろう。何回どころじゃない、もう何十回もだよ…」

「怒りよりもね、こんなのに関わっていたら仕事ができないということしか考えてなかった。だから乗り逃げされたら、まあ仕方ないと諦めるしかなかったけど、それがこんな騒ぎの後はどうなるか、見に行ったんだ」

中根学さん。当時、コザ高校二年生。一七歳。

「結局、第二ゲートの前であの武装したMPの姿を見たときに、もうこれで終わりだなと思いましたね。六時過ぎたころだと思いますがね。何となく、はい終わり!という感じ。見事だなと思ったというか。それで家に戻って、靴をランニングシューズに履き替え、いつも朝の日課にしていたジョギングに出かけました。高校陸上部に所属してましたからね。いまのように金網はなくてですね、畑の道を抜けるとUSOがあって、その前の芝生に覆われた小さなグラウンドがいつも走っていた場所だったんです。そこがやっぱり高校生と、若かったんですね。この一帯がオフリミット(立ち入り禁止)になっていたとは全く考えもせず、後ろを見たらMPが立っていて銃を突きつけていたんです。それで胸つかまれて「What are you doing? Get out here!(何をしている、すぐ出ていけ!)」というもんだから、OK、OK、OKといって出たですね。それがあの日のいちばん怖かった記憶ですね」

今郁義さん。当時、二四歳。

「全部で一〇台ぐらいかな、多分。一、二、三…、五～六台ぐらいまでは記憶があるんだよ、最終的にはたぶん一〇台いくかいかないかぐらいだと思うね。とにかく朝がきたら終わりだと自分で思ってたし、みんなもそう思ってたと思う。一夜限りだとか、捕まりたくないとかじゃなくてね」

「それは炎と関連していると思うんだよね。日ごろ、鬱屈しているものが、夜、炎を見ると、非日常の世界に自分を置けるっていうそういう意味では、自分も主人公に成り得る。それが炎だと。それに、五〇年も前のことだから、夜はあんまり信号もないし街灯も全くない。光といえばその炎だけだった。次から次へと車を燃やしている炎だけが自分たちの行き先を案内してくれているみたいな感じだったかなあ。しかも、コザは、周りは全部米軍基地だからどっちに向かっても対象は米軍基地。これだけの黄ナンバーがあって、しかも黄ナンバーだけが燃えたっていうのは、それだけでも歴史に刻まれることだけれども、沖縄で、沖縄人が自らの意思で、指導者もいない中で、誰に指図されたわけでもなく、やるのは車だけだぞ、というひとことをずーっと持って行動したというこれは、やっぱり歴史に刻まれる一大事になるだろうな、と」

「朝、太陽が上って明るくなると、炎は普通の火になってしまうけど、気持ちの上では、やった!、ということかな、そんな経験したのは初めてだしね。明け方、あるひとりの女性と会ったんだけども、そしたら、生きてて良かった、今日初めて実感したって。そういうんだよね。そう思った人は沢山いたんじゃないかな。もし、単にギャラリーのひとりだったら、気をつけてね、のひとことで終わったと思うんだよね。やっぱり参加者のひとりだったが故に、ひとつの歴史となる数時間の中に自分たちはいたんだということを実感したんじゃないかな。コザ暴動の炎というのはみんなをそういうところに導いていったと思うね」

## □『取材ノート』から

「取材ノート」の最後に私はこう記している。

夜明け。いくつもの固まりとなった群衆のひとつについて嘉手納基地第二ゲートに私はいた。暗闇だと目立たなかった群衆も白みかけた空の下では素顔も知れる。ゲート前には武装した数十人の兵隊たちが立ちはだかっている。一部の群衆はゲートを破り、その先にある軍雇用事務所やUSOに放火したと友人の記者はあかしてくれた。もうそうはさせない、という決意のようなものが武装兵には漂う。そんな武装兵らに向けて素顔をさらした若者たちが、手にした石やコーラのビンを投げる。事態はこれで終了、という合図のように見えた。私はようやく一服できると思った。

時計をみると朝七時を回ったころだった。

私が現場に来てからおよそ五時間。長い夜だった。しかし、それにしてもはっきりとした意思に貫かれた「暴動」だった。そしてまた、しかし、沖縄の人々のどこにこのようなエネルギーがしまい込まれていたのだろう。

コザという基地と共に繁栄してきた街のど真ん中に胡屋十字路がある。その十字路に焼けただれた黄ナンバー車両が十数台転がっていた。その残骸のすさまじさは、沖縄の人々の米軍に対する怒りの強さに比例していると直感した。

## □米軍報告書

米軍はコザ暴動に関して記録文書を残している。

それによると、事件の日時は一九七〇年一二月二〇日、午前一時から七時。場所は胡屋十字路と島袋三叉路の間と嘉手納空軍基地第二ゲートへ向かう道路（ゲート通り）と基地内。暴動の原因は「加害者の外国人が起こした人身事故であるが、続いて別の事故が重なったため物件損壊を引き起こした」とある。

最初の人身事故は「加害者（である外国人）は酒気帯びで走行中、酒に酔った人（被害者）が道路を横断しようとした際に急ブレーキを踏んだが間に合わなかった」ものであり、続いて起きた第二の事故は「午前二時一〇分ごろ、加害者（である外国人）が最初の事故現場を走行中、〈アメリカ人が来たぞ〉という声と共に四～五人の若者が車の前に飛び出して来たので、それを避けようと速度を上げたときに、前を走っていた被害者の車に追突した」。そして、いずれの事故現場でも〈糸満事件の二の舞いとするな〉〈逃すな〉〈車を憲兵に渡すな〉〈裁判にかけろ〉〈殺せ〉〈イエローナンバーを停めろ〉などと叫び、暴徒が車の前に立ちはだかった、として、「このような扇動的な言葉に煽られ、集団は凶暴化していった」と記録する。

続いて、「やじ馬的集団から市民騒動へ、そして暴動へと変化したのはいつの時点か」との分析では、まず定義として「市民騒動とは集団示威運動、暴動、その他の公共の法と秩序に不利益な騒乱。暴動とは無軌道なあるいは暴力的な騒乱、三人以上の集団による現存の法と秩序に不利益な騒々しい違法な平和妨害」とした上で、その時間は「米軍人と沖縄人ガールフレンドが現れたことで、群衆の敵意が再度燃え上がったとき」と特定、その時間は午前一時三五分だったとしている。

報告書に期された「集団」を数字上から拾っていくと、最初の事故で集まってきた「やじ馬的集団」は二〇人、それが「市民騒動」に格上げされたときは一〇〇人、暴動直前には二～三〇〇人に膨れ上がり、「暴動」に転化したときには最大で七〇〇〇人だったと推計している。（琉球警察の報告書には「群衆は一〇〇〇人ほどに膨れ上がり、警官隊はこれ以上過激な行動にでないようにするのが精一杯だった」と書かれている）

軍は、暴動さなかの午前三時三〇分に「コンディション・グリーン・ワン（外出禁止令）」を発動、二四時間、軍人・軍属とその家族らのコザ市への立ち入りを禁止した。
暴動によって損壊した軍車両は、燃やされた七五台を含めて全部で八二台だったとしている。（いずれも沖縄市役所刊『米国が見たコザ暴動』より）

## □米・日・琉の反応

米軍統治下にある沖縄の最高責任者、ジェームス・B・ランパート高等弁務官は沖縄のラジオとテレビを通じて「暴動はジャングルの世界の話だ」と厳しく批判。視聴者からは「責任転嫁だ」との怒りを買うことになった。

「今朝、コザ市に暴動が起こった。ふくれ上がった群集によりMP車などに放火がなされ、破壊された。暴動者がプラザ家族地域への突入を防止するため、特に私の命により催涙ガス弾を八個使用する場面もあった。明け方になって、群集はやっと散りだし秩序が回復された。この嘆かわしい事件はひとりの海軍軍曹の判決が無罪となったことに起因すると、私は聞いているが、これを批判することはあり得る。しかし、平和な市民の生活を脅かし、財産を破壊するように、批判を暴動などの手段に訴える口実にはならないのである。このようなことはジャングルの世界であって、文明社会ではあり得ない」

ときの日本国総理大臣、佐藤栄作は記者からの質問に「沖縄住民の気持ちはわかるが、戦後二五年、あとひと息で返還という大事な時期だから、相手（米国）に悪い印象を与えても困る。それがいちばん心配だ」と沖縄よりも米国の懸念を優先。

一方、沖縄の屋良朝苗主席は騒動に訴えた住民の気持ちを日記にこう書き記している。

『十二月廿日（日）晴。遂に来たるべきものが来たと一大ショック。沖縄の歴史始まって以来かつてなかった暴動。私をゲート内に案内している空軍司令官はいかにも怒っているかの様な形相に言葉使いだった』

『十二月廿一日（月）晴。昨日のコザの暴動について（ランパート高等弁務官と）意見交換。昨日のベンム官の声明書の高姿勢を指摘し反省を促す、糸満の婦人レキ殺加害者の無罪判決に対する県民の非常な憤りを充分伝え威圧的声明に強く抗議する、私は充分云うべき事を云ったと思う』

だが、米軍はイエローナンバーだけが狙われたことから、この暴動は基地反対を叫ぶ左翼勢力が煽動し暴力に走らせたとして、琉球警察に厳正な捜査を要求。琉球警察は特捜本部を設置し、軍関係車両だけを進んで焼く行為には計画性があり、しかも、道路を数時間にわたって麻痺させたことは地域の平和を脅かすものだ、と騒乱罪適用を決めたのだった。

## □四人は人身御供だった

「いろんな資料があるんですね…」

「捨てようと思ったけれども、みなさんのような人がときどき来るので、捨てられなくて困っている」

警察官だった稲嶺勇さんは二階に続く階段を上った先にしつらえた本棚に、ぎっしりと詰まった本を見遣りながら、まんざらでもない口調だった。

「普天間警察署を始めとして四二年間、勤務しましたからね。一九六二年から」

そのさなかの一九七一年、二七歳のときに出くわしたのが、コザ暴動だった。

琉球警察の報告書によると、あの夜、逮捕されたのは二一人。軍雇用員、建設労務者、学生、タクシー運転手、バーテンダー、修理工、会社員と職業はさまざまで、二〇人はMPが逮捕、身柄は沖縄側にそのまま引き渡された。

「警察は騒乱罪を適用すると決めましたが、それでやっていけると？」

「さあ、どうですかね…。日が経ってから車を一件一件検分してまとめたという状況ですからね。証拠も、燃えた車に、目撃者がどこどこの誰々がやってましたよと、ずばりいってくれる人がおらんでしょう。それに二〜三日も経ってから、現場に行きましたか、何しましたか、目撃者はおるか？と聞いたら、目撃者おりませんと、しかし、行ったことは間違いないでしょう？ということで、すべてが最初の職務質問から始まるというような状況ですから、もう始めから捜査は手詰まってますよ。現行犯でやってるのを逮捕して、手に煤がついているとか土がついているというのなら話は別ですけど」

騒動から三週間後、特捜本部は逮捕したうちの一〇人を騒乱罪で送検、しかし、那覇地方検察庁は、謀議や計画性など騒乱罪の立証には無理があると判断。結局、建造物以外放火や火炎ビン製造など凶器準備集合といった一般刑事事件として四人だけを起訴した。

「最終的には四人が裁判になって、執行猶予つきとはいえ実刑判決を受けるわけですね。四人は潔く罪を認めて責任を取ったと。しかし、あのときは私も現場にいたので分かるんですが、暗闇の中を数え切れないほどの人たちがうごめいていたのに、たった四人が裁かれたと。四人にはなんでオレだけが、という思いもあったかも知れない、逆に、捜査という点では、現場で身動きが取れなかった警察側にすれば四人逮捕しただけでも面子が立った、ということもいえる。あのとき、現場にいた捜査官としてはどんな思いですか?」

「ちょっと難しいですね。面子とかそういうものではなく、事件はやはり解決しなければいかんということですけど。四名捕まえたからといって、実態としては数百名から数千名おるわけでしょう?この四名捕まえたからといって解決したということではなくて、やはり中身はどうだったのかと、果たしてそれでよかったのかということになると、やはり忸怩たる思いはありますね、当然、当時の捜査官にも、これでいいのかなと」

「四人を人身御供にしたようなものですものね?」

「そうそう…」

「人身御供」という言葉はとっさに思い浮かんだものだったが、否定をしなかったところに稲嶺さんの「本音」を聞いた思いがした。

## □「米国憲法で裁くべきだ」

四人の公判は一九七二年五月一五日という沖縄の復帰を挟んで二三回開かれていた。

一般刑事事件とはいえ、裁判所は司法という立場からこのコザ暴動をどのように見たのか。一方、被告に寄り添った弁護側は何を訴えたのか。ときは、「復帰」という「軍政」から「民政」へ、さらに、住民最大の希望でもある基本的人権に守られた日本国憲法下の一員になれるといういわば誇らしい時代を迎える中で、裁判は行われた。

私は、その内実を知りたかった。

四人の弁護を担当した六人のうち、すでに五人の弁護士は他界。当時、二七歳と最も若かった照屋寛徳さんは健在だった。

「私はね、昭和二〇年（一九四五年）、サイパン島のアメリカ軍捕虜収容所で生まれました。そして弁護士となって、本件犯行現場となったコザ市の特飲街近くで開業しました。子どものころから住んでいた具志川市（現在うるま市）にはバー街はありましたし、それこそコザの街の雰囲気に似ていて、日常感覚的にも那覇にお住まいの弁護士とは違っておったでしょうね」

「そういうこともあって、コザ暴動に見られるような米軍支配に対する抵抗、戦い、不条理に対する怒りには私自身も大いにわじわじー（腹立たしい思い）してましたから、裁判が始まったときには私も入れて欲しいと希望してですね、加えてもらいました」

最初の仕事は検察庁に行かされて、訴状のコピー取りだったと笑う。

弁護団の出発点、それは生命の安全さえ保証されない中で暮らさざるを得ない沖縄住民が、最後の最後にやむを得ず引き起こしたものだった、というコザ暴動の動機の「正当性」だった。

「買い物帰りの主婦が轢き殺されても無罪、漏洩がニュースにならなければ明るみに出なかった毒ガス極秘貯蔵問題、こういった理不尽なことなどがアメリカの車だけに火をつけるという動機となって事件は起きたわけですね。だから、あのコザ暴動をうちなーんちゅの民衆蜂起として正当化していく場合に、やっぱり（米国憲法の）抵抗権、あるいは一種の革命権みたいなものを、弁護団としては強く主張したと思います」

「抵抗権」「革命権」という言葉はちょっと耳慣れない。しかし、と照屋さんはいう。

「コザ暴動というアメリカ政権下で起きた事件を、裁判は復帰後にも引き継がれるからといって、日本の法律の下で果たして裁けるのか、裁いていいのか、そういう思いが弁護団には非常に強くあったわけです」

むしろ法律的に依って立つべきところは「抵抗権」「革命権」が明記された独立宣言とその精神を具現化したアメリカの憲法修正第二条ではないか、というのである。

因みに、独立宣言はこういう。

『すべての人間は生まれながらにして平等であり、その創造主によって生命、自由、および幸福の追求を含む不可侵の権利を与えられている。こうした権利を確保するために、人々の間に政府が樹立され、政府は統治される者の合意に基づいて正当な権力を得る。そして、いかなる形態の政府であれ、政府がこれらの目的に反するようになったときには、人民には政府を改造または廃止し、新たな政府を樹立し、人民の安全と幸福をもたらす原理を基盤とし、人民の安全と幸福をもたらす権力を組織する権利を有する』

ついでながら、それを担保した憲法修正第二条は、いまではすっかり銃規制反対論者たちの最大根拠となってはいるが、次のように述べる。

『規律ある民兵は、自由な国家の安全にとって必要であるから、人民が武器を保有し、また携帯する権利は、これを侵してはならない』

もちろん、コザ暴動では武器が使われたわけではない。しかし、燃やすという行為は米軍の四半世紀にも及ぶ支配と、米軍人らの目に余る犯罪行為や人種差別的ともいうべき事件処理への怒りが爆発し、それに対する抵抗としてなされたもので、それは正当な抵抗権の行使であり、このことこそコザ暴動の根底にあったものだ、というのだ。

四人に判決が出たのはそれから三年後。建造物以外放火や火炎ビン製造など凶器準備集合についてはいずれも有罪とされたが、「抵抗権」についてはこう触れている。

『被告人らはいずれも旧コザ市、読谷村という嘉手納軍事基地の周辺に居住していて、米軍基地とのかかわりあいを有し、米軍基地の影響を受けているような事情も見受けられること、沖縄住民を被害者とする米軍人の交通事故の取扱いについて、事件処理にあたっていたMPに公正さを疑わしめるような態度が見受けられ、糸満町における無罪判決もあって、これが被告人らをふくむ群衆の感情を刺戟し、その結果、いわゆる群集心理が作用して事件にまで発展した経緯等に鑑みるとき、被告人らが判示犯行に加担するに至った心情は理解するに難くない』

照屋さんは判決をこう評価する。

「当時の裁判所はね、弁護団が主張した抵抗権の思想を足蹴にしたんではない、よく理解できると、ただ残念ながら日本の実定法上、コザ暴動を正当化する、あるいはコザ暴動に表れた違法性を阻却する事由にまで該当するとは理解できない、というういい方ですよね」

「つまり？」

「アメリカの法体系であれば、被告人たちの行為は理解できると読めるわけで、それはある意味画期的な判決ではあると。コザ暴動からもう半世紀が経ちますけど、この歴史の中で、最大の反基地闘争というか抵抗運動であったし、それを支えた裁判闘争の弁護団最後の生き残りのひとりとしては、そう思いますね」

# 第七章　行った、見た、そして知った「日本」

「軽石みながら、毎日。あっちにもこっちにも…」

「あ、これ、軽石ですか?」

「軽石。大潮の場合、こっちまでこう持ってきて、北風が吹くからまた（軽石だけが）残って、波だけが引くわけ。ここの浜は北風が強くて、ゴミとかペットボトルとかもいっぱい寄ってくるもんだから、あっちにゴミ袋いっぱいあったでしょう」

読谷村長浜。地形から見ると残波岬と真栄田岬というふたつの突き出た岬に挟まれた底辺に当たる部分だ。直接、外海に面していない分、穏やかかなと思っていたら、長浜自治会会長の當山政昭さんはそうではないというのだ。

軽石というのは、沖縄から東に一五〇〇キロも離れた小笠原諸島の海底火山の噴火に由来するもので、噴煙は海面から一万六〇〇〇メートル上空に達したという。二〇二一年八月に起きたもので、海流に乗った軽石は関東や伊豆諸島、それに奄美や沖縄などの海域を航行する船舶だけではなく、漁業にも観光にもさまざまな被害をもたらしていた。その一部が長浜海岸にも漂着していたのだ。

「海を眺めていると、あの海の向こうには何があるんだろうなっていう風に思ったことはありますか？」

「高校生のころは、地図見ながらこっちは東シナ海、あっちは太平洋って分かるから、この東シナ海の向こうには中国とか韓国とかあるんだなというのは分かりましたけど、東京は向こうらへんだろうなと（反対側の海を）指さしたり…」

「祖国復帰運動というのもやりました？」

「やりましたよ。行進団がやんばる（沖縄北部）から歩いてくるんですよ、復帰大行進ということで。その人たちが日の丸の旗を持ってくるもんだから、われわれ子どもたちも旗振って頑張って下さいというし、学校でも教えられた。公民館前でも頑張って下さいって、休憩場所だったから」

「日本に復帰したいという気持ちは？」

「強かったですよ。でも、自分が小学校二年生ぐらいまではアメリカ兵を見ると、ギブミーチョコとか片言英語を覚えて、もらった覚えがありますよ。優しい人もいたけど。やっぱりアメリカの時代っていうのは道路とかに戦車が通っていましたし、落下傘やトラックが落ちてきて、読谷村でも同じ年代の人が亡くなったさ。これじゃちょっとまずいんじゃないかと、やっぱり復帰はやって欲しいと思っていたけど…」

「日本というのはどんなイメージでした？」

「先輩たちから話をよく聞くと、いい話しか聞こえてこない。電車に乗ったよとか、電車に乗ったことないから、こっちでは。まあそういう感じのいい話しか先輩たちがしないもんだから、みんな憧れてから、ああ、行ってみたいと思ってましたね」

「いつごろのことですか?」

「中学校ぐらいからね、行ってみたいなという意識はあったかも知れんね。高校入ったら、余計行きたい感じでいましたね」

「沖縄から出たいなと本当に思ったのはいつぐらいですか?」

「高二ぐらいですかね。要するに給料でしょう、沖縄には仕事がないでしょう。あってもせいぜい建設業とか軍作業とか。軍作業もいろいろ話を聞いたら首切りとかあったもんだから、これは仕事じゃないなと思って。で、先輩たちに聞いたら、こっちの高校生たちの半分以上は内地に行ってきてるから、先輩たちが盆とか正月に帰ってくるでしょう、そんなときに内地はどうだった、こうだったという話をするもんですから、私も憧れもありましてね、高二のときにはもう行こうと決めてましたね」

## □復帰直前、最後の集団就職船

一九七二年という年が明けたとき、新聞もローカルテレビニュースも、いよいよ五月は本土復帰という話題で埋まっていた。喜び、期待、そして不安や懸念。もし世論調査をやっていたらその割合はどのくらいになっただろうか。だが、前年一一月に行われた沖縄返還協定批准に反対する全島ゼネストは大荒れで、しかもデモ警備の警察官が過激派の投げた火炎ビンに包まれて焼死するという沖縄では初めての事件も起きていた。年初になってもゼネストがもたらした緊張感が漂う中、公安捜査も行き詰まっていて、私も、火だるまとなった警察官の写真を現場で撮ったというだけで、琉球警察から

「殺人並びに公務執行妨害」という大層な、それでいて具体的事実も読み取れない捜索差押許可状を突きつけられて捜索を受けるという体験をさせられていた。そして、このような暴挙は表現の自由を著しく侵すものだとして、それへの対抗措置に追われる中で迎えた新年だった。（詳細は『第九章「三万枚の写真と「私の沖縄」』）

しかし、いうまでもなく、復帰は、二七年間に及んだ米軍による直接支配からの解放であり、沖縄の人々にとっては、それだけでも精神的負担の軽くなるものだったに違いない。その上、五月からは祖国日本を直接肌で感じることができる。それもあって、私の関心のもうひとつが、本土集団就職を控えた高校生たちのことだった。かつて、東京など首都圏を目指して東北、北海道などの若者たちが夜行列車に乗ってやってくるニュースなどを見聞きしていたこともあり、沖縄に暮らし始めてからも、三月になると、重要な季節行事としての集団就職関連の記事をスクラップしてきていた。

記事によると、集団就職の始まりは一九五七年と意外と早い。主要な土地が基地として接収されてしまったあとの沖縄には、サトウキビひと筋という貧弱な農業と、肥大化したサービス業といういびつな産業構造しか生まれず、それが雇用の場を狭め就職難を招いたというのだ。そういうこともあって、琉球政府が率先して就職活動を行ったとある。

しかし、そこに介入したのがときの高等弁務官、ポール・キャラウェイ陸軍中将だった。ヴェトナム戦争への本格参戦を前に、沖縄を基地の島として恒久化しようとするアメリカの政策に従って、キャラウェイは、沖縄は歴史的にも文化的にも日本とは異質な場所だとする「日琉隔離政策」をあからさまにし、日本への集団就職は復帰運動にはずみをつけかねない阻害要因だとして、一九六三年、突然、中止を命令したのだった。

そんな沖縄的な経過をたどった末に集団就職が再開したのは一年後。その数は二桁からせいぜい三桁前半ぐらいの数字で増えてきたが、一九七〇年、七一年、そして當山さんの時代ではいきなり高校卒業生の四分の一にあたる四〇〇〇余が那覇港を出港し、東京、大阪、名古屋、九州へと向かっていった。

## □五色のテープで埋まった那覇港

「祖国日本」を初めて体験することになる集団就職の若者たち。いったい、彼らは、日本に何を夢み、何を期待して船上人になるのだろうか。日々、新聞の片隅に掲載されている東京を始め本土に向かう航空機や旅客船の出発、出航時刻表を注視していた三月のある日、集団就職の若者たちが乗るという東京・晴海行き「波乃上丸」の出航情報が私の目に止まったのだった。

その日、カメラを持って駆けつけた那覇港の一角は赤や黄、紫や水色など鮮やかな五色のテープが舞い、まるで埠頭そのものが揺れているかのようだった。

一張羅の私服や新調したばかりの背広を着込んだ男の子や、真っ青のワンピースにパーマをかけた女の子たちが立ち並ぶ船上デッキ。埠頭では背広にネクタイの父親やツー

那覇港での別れ。埠頭は五色のテープで埋まった（1972年3月）

ピースで着飾った母親たちに混じって、制服姿の後輩高校生たちが見送る。船上と埠頭に立った人、人、人の手には今生の別れでもあるかのように五色のテープの端と端がしっかりと握られ、さらに次々と投げられるテープとも絡み合って、蜘蛛の糸に絡め取られたような錯覚さえ憶えるような光景だった。

「あっ、こんな感じ、港はこんな感じ。思い出しますよ。家族でしょう、友人でしょう、もういっぱい来てたな。見送りに。ひとり一〇束ぐらい持っていったんじゃないかな、紙テープ」

写真を見るなり當山さんは「あの日、あのとき」に戻ったかのように目を輝かせた。

「船上ではどのあたりにいたか憶えていますか?」

「後ろ側じゃないかな……。間違いない」

私はｉｐａｄに取り込んでいた写真を指でクローズアップして見せた。

「テープで隠れてしまってるなあ……。でも、いまでも覚えているのは船が傾きよったから、みんな、どんどんふ頭側に寄るから傾いていたよ」

「出航すればもうこれで東京だ、と。どんな気持ちでした?」

「わくわくしてた。就職だ、みたいな。何かもう勉強からも離れてるさ。これで自分もお金稼げるよ、みたいな。給料、そのときはドルを使ってたから、東京は円になるさ、あのころは一ドルが三六〇円だったから、行けば儲けがあるね、ということで、わくわくしてた」

「別れは辛かった?」

「母親と兄弟と、これ（恋人）もいたから、はい。最後ね、こうやって、わーっと……」

「抱きしめた?」

「はい。彼女、ずっと辛かった、仕事、本土じゃなくて沖縄でずっと探してたから。もう本当に別れ別れになるんだなあと……。それでも、ちょっと嬉しいのもあった、親から解放されるから。やっとひとりになれるんだ、みたいな……」

そして、當山さんは突然、口ずさみ始めた。

「蛍の光が流れよったからよ。タンターンタタン、ほたーるのひかーりまどのゆーき、というね。

大抵の人は泣いていたよ、特に女の子たちは泣いてたよ」

デッキの一角で懸命に手を振る人、口の周りを両手で囲み何か大声で叫ぶ人、ぎゅっとハンカチを握りしめる人、そして流れる涙を手の平で拭う人、その手首には新品の腕時計が光っている。船上のそんな若者たちをアップで撮った写真を改めて見つめながら思った。このあと彼ら彼女らの表情はどう変わったのだろうか、と。

余談ながら、復帰前のこの時期、沖縄の人々が日本本土に行くには身分を証明するパスポートのようなものが必要だった。その証明書が二種類あることを今回初めて知った。當山さんのように集団就職で那覇港を離れた若者たちが所持していたのは、日本の内閣総理大臣印のついた総理府発行の証明書で、次のように書かれている。

『本証明書添付の写真及び説明事項に該当する日本人○○○○は本邦へ渡航するものであることを証明する』

日本人が日本に渡航するのになぜ？という疑問が湧いてもくるが、集団就職そのものが、当時の日本の経済や労働事情の反映であり、異民族支配下にあったとはいえ沖縄はその供給元のひとつとして大いに期待されていたからではないか、と推測した。

もう一種類は、もとからあったものだ。

『本証明書添付の写真及び説明事項に該当する琉球住民○○○○は日本へ渡航するものであることを証明する』

琉球列島アメリカ高等弁務官発行のもので、観光であっても仕事であっても琉球（沖縄）住民が日本に行くにはこの証明書を取得しなければならなかった。その分だけ、沖縄を自分のものにしておきたいというアメリカの意図というものが透けて見えてくる。

「日本人と書いてあるのをみんな持ってた。それ見せて乗ったからね。内地に行ってからも見せて（そのあと復帰したので）もうどこにいったか分からんけど。乗る四〜五日前には保健所へ行って予防注射もしたよ」

どんな予防注射だったのか、當山さんには聞き忘れたが、検疫体制の存在自体、沖縄は依然外国扱いだったことの証左だった。

## □「金の卵」

當山さんは北谷にあった高校を卒業。父は基地労働者だったが、ヴェトナム戦費の逼迫に伴う米軍基地合理化の一環として、コザ暴動直後、突然、発表された三〇〇〇人首切り解雇のひとりとして仕事を失っていた。當山家ではその分、期待は長男の政昭さんの両肩に重くのしかかっていたのだ。

一方で、高度経済成長期に入っていた日本の製造業にとって、地方の若者たちは「金の卵」であり、多くは九州、東北、北海道が担ってきていた。しかし、復帰が決まったあとの沖縄は「労働力確保のための絶好の県」「三〇万人は見込める」「復帰するいま、低賃金で雇える最大の労働力供給源」などと特別視され始め、労働行政を担当する日琉両政府や企業、そして就職担当の教職員を中心とした教育界の思惑が交錯する中、いわば「国策」の重宝な担い手として翻弄されたのだった。

実際、復帰の年、高卒生に限っても、本土企業からの求人数は三万を超えている（「職安統計」）。さらにこの年、文部省（当時）がまとめた数値によると、高卒者の県外流出率（集団就職者の割合）は九州五〇%、東北四八%、北海道二二%と続くが、沖縄は何と六三%と群を抜く。

當山さんもそのことは承知だったのだろう。

「金の卵っていうか、本土の方々、企業が、沖縄には金の卵は一杯いるよって、もう半年も前から就職募集はきてましたからね」

「金の卵のひとりとして、晴海に降り立ったときはどんな思いでした?」

「身震いっていうの、よし、頑張るぞ、みたいな期待と…。仕事の内容はもう教えられていましたから、行く前に、学校で。工場にはラインが流れていて、溶接もできるよ、それにいろんな技能も資格も取れるよ、みたいな話も聞かされてましたし」

就職先は日産自動車追浜工場だったが、晴海埠頭には会社の人が迎えに来ていた。

「沖縄のことについて、会社の人たちはよく知ってました?」

「あまり知らなかったんじゃないかね、空手がうまいんでしょうとか、酒はよく飲むんでしょうとか、酒、沖縄の人、強いね、とか。そんな話をした覚えがありますね」

「工場には沖縄から何人ぐらいが?」

「二〇人はいたかな。宮古からも石垣からも来ていたし」

「会社に入って、初めての給料は?」

「家も（父親が解雇されるなど）あんなだったから。初任給は全部送った、全部、両親に送った、入社して一ヶ月ちょっとしたら五月一五日の復帰の日で、ドルから円に変わったから現金封筒に入れて四万円、送ったかな。寮にいたから食費だけは残して。まだ遊ぶのも分からんし、酒も飲まんから。せいぜい行ってもボーリング場ぐらいかな」

「両親は喜んだでしょうね？」

「喜んだんじゃない。だから、仕事が面白ければ一生こちらで働いてもいいと思ってました」

復帰の日は、沖縄に暮らしていた人たちにとっては文字通り日本国憲法のある日本に戻った日だ。しかし、この年の三月、當山さんのように集団就職をした人たちはひと足お先に日本国憲法が適用されている日本で暮らし始めていた。彼らにとって、復帰の日は特別な日でも何でもなく、単なる通過点に過ぎなかったかも知れない。実際、この日は月曜日だった。週明けの仕事始めとなる日で、しかも、自分たちにとって復帰した日本とはどのような国で、そこに住む日本人とはどのような人たちなのか、そして、そこで仕事をし生活をしていくとはどういうことなのかをすでに経験し始めていた若者たちだった。

## □転職、転職、そして帰郷

自動車工場で働き始めて二年目。當山さんに一本の電話がかかってきた。仕事にはすっかり慣れてはいたが、どこか物足りなさも感じていたそんなときのことだった。

「運送会社にいる友だちからで、免許取ったねと、運送業免許取ったねと。だったら運送業やらないかと誘惑されて、運送業といってもフォークリフトよ、ガラス関係の。そのときはもう、ほら、自動車工場はラインでしょう、朝から晩まで、ラインから流れてきてまた次、また次と。これではちょっと将来眺めたら伸びないなと思ってから、じゃ、ということで運送会社に入って。それからはもう転職、転職かな、最後の一年は塗装業をしていたね、鉄塔とか、給料いいよというから、あのときは一万円上げよったから。ちょっと小柄だったから、身も軽いし塗装業も合ってるかなと」

「結局、本土には何年？」

「四年」

「沖縄に戻ろうと思った理由は？」

「やっぱりホームシックにかかってたんじゃないかな、どうしても帰りたい、帰りたいと思って、ペンキ塗りながらもう沖縄に帰ろうかなって」

「寂しいっていう気持ちですか？」

「それもあったかも分からん。何か家が恋しくてから、帰って来てまた（東京に）行くつもりだったんですけど、オキコパン（パンなどの製造販売会社）をやっていた人が、運転手がいないから運転しないかっていうことで、やってたら癖になって、結局、こっちで三七年間やってた」

「なぜ戻ってきてしまうんですかね？」

「これはよ、周りの環境とか友人関係でしょう。本土の方の友だちもいっぱいいたけど、帰りたい気持ちが先になるね。お金に関しては本土の方がいいけど……」

「やっぱり沖縄の方がいいんですね、きっと？」

「なんか居心地がいいというか、なんだろう、ふるさと。みんな、誰かが本土から沖縄に帰ったという情報が聞こえると、あいつも帰ったかみたいな感じで寂しくなる、じゃオレも帰るかとつられるわけさね」

集団就職で勤めた自動車工場の二年間、そして一年ずつの運送業と塗装業という四年間の本土体験を當山さんはこう振り返る。

「まあ、楽しかったですね、自分もいい人生勉強になったと思っていますよ、内地の方で…」

沖縄県がまとめた数字によると、本土で新しい資格や技術を取得し、それをいつか沖縄でも生かしたいと考える人も多いが、一方で、集団就職で本土に渡った高卒生のうち、三年未満での離職率は六七・九％だったという（一九七九年商工労働部）。

ついでながら、離職した若者たちのうち、當山さんのように沖縄にUターンしてしまった人の割合は七〇％以上という非公式の数字もある。

日本列島開闢以来の好景気だとして名づけられた「いざなぎ景気」は、この時期、やや下り坂にあったとはいえ、新三種の神器（カラーテレビ・クーラー・カー〈自家用車〉）の消費も拡大、さらに「日本列島改造論」がもてはやされるなど、本土（企業）は「金の卵」を依然必要としていた。その一方で、高い失業率が続いていた沖縄。実はこの二者の間には、長い間、潜在化していた問題や課題が集団就職の登場をきっかけに顕在化しようとしていたのだ。

## □復帰して知った絶望と孤独

沖縄北部の高校を卒業した後、集団就職で本土に渡った若者がある会報に送った手紙がある。

『印刷工、事務機の修理工、トラック助手、材木屋、鉄工所と職を転々として現在はトラック運転手をしています。どの会社も一年から二年ぐらいで変わりました。どの仕事も一人前に覚えることはできず、職安に通ったり、新聞の求人欄を見て電話したりして面接する。二日も三日も仕事が決まらないと一日中憂うつになり、少し大げさに言えば生きていくのがイヤになり、社会に対しても怒りが湧いてきます。沖縄では完全失業者が三万人、失業率六％で日本の三倍以上といわれています。農業しようにも農地は基地に取られ、長年働いていた軍作業もクビになった人達が職安と街にあふれています。今の社会は自由社会だといいますが、沖縄の勤労者にとっては何の「自由」だろうか？』（関東ゆうなの会会報誌「ゆうなの花便り」）

一語一句を読み下していくと、ここには沖縄からの集団就職者たちが共通して抱く思い、即ち、夢や希望からスタートしたものの次第に嘘、裏切り、失望、悩み、憂鬱、孤独、絶望、怒りといった感情が蓄積されていくさまが見えてくる。親や兄弟、親戚、それに教師や後輩たちの激励と期待に背くまいと離職しても知らせず、帰郷もできなかった人たちを含めて、多くの若者たちが抱くこのような感情の先にはいったい何があるのか。これは沖縄の集団就職そのものが抱えていたいちばん大きな課題だった。

この問題に真正面から向かい合おうとした人物、それが、あの前原高校で同級生の女子生徒が米兵に刺されるという事件に遭遇したことがきっかけで、自ら高校を中退し政治的活動や運動にのめり込んでいった照屋勝則さんだった。

いま、照屋さんは生まれ故郷のうるま市で、社員五人という会社の社長になっていた。

「印刷全般、シャツ、スポーツウェア……、大きい会社ですね？」

「器は大きいけど、小さな会社ですよ。最初は写植をやって、それから印刷の技術を持っていたんで印刷に切り替えて、本や雑誌、それに名刺、伝票、はがき、ポスターですか……。いまは幟（のぼり）やら横断幕やらTシャツまでいろいろやってますよ」

「会社名がゆうな印刷・工芸とありますが、ゆうなというのはどこから？」

「ゆうなというのは花ですね、黄色い非常にきれいな花びらのある沖縄独特の花なんですが、昔、東京でゆうなの会という親睦団体をやっていたんで、そのまま会社の名前にもらいましたね」

「照屋さんにとっては思い出のある……？」

「そうですね、もう五〇年近い、慣れ親しんだ名前ですからね」

復帰する半年前の一一月。それまでの復帰運動の歴史の中でも最大とされる盛り上がりと、一方で大荒れとなった一一・一〇ゼネストが終わったあと、沖縄には奇妙な空気が漂い始めていた。「ちるだい」という言葉で表現されるもので、ぐったりした、あるいは落胆したときなどによく使われる。照屋さんは「同時に挫折感も味わっていた」という。そして、自分自身しっかりと生きていくためには何となく興味を持っていた印刷技術を身につけようと決意し、復帰した年に単身上京したのだった。

その照屋さんがどうしても目を閉じていられなかったことが、沖縄から集団就職で上京したものの、悩みを抱え込んだまま孤独の中を彷徨う一〇代二〇代の若者たちの姿だった。

「できたばかりのゆうなの会を引き受けたのは、ふたりの青年が会社の仕事環境に馴染めず差別されて、差別した上司に暴行を働いて、逮捕されて、留置場に入れられてとか、あるいは生活に困って窃盗をしたりとか、二〇歳の美容師見習いの女性が餓死寸前まで、実際に餓死した方もいますけれども、そういう人たちを救援するには場が必要ではないかということだったですね。それでハガキで呼びかけたり、あるいは友人知人を通して呼びかけたら、かなりの人たちが集まってきたんですよ」

その中には、売春の母から生まれ孤児として育ったものの、貧弱な児童福祉生活に耐えられず、そこから早く抜け出たいという米占領下にあった沖縄ならではの理由で、本土就職に応募したという若者もいた。

「人にはなかなかいえないような話を聞いていくと、そもそも集団就職を希望するときに企業側の募集代理人はいいことしかいわない、就職しても進学も可能とか、寮設備は完璧で冷暖房完備とかね。しかし、現実は、会社に行けば、雪が降るのを見てサトウが降ってきたって思うんじゃないってからかわれたり、お前、おかしな名前だなあとかね。そういわれてもうちなーんちゅは口数が少ないからこき使われる。送り出す沖縄側も、いい会社だぞとか、何といっても辛抱が大事だとか、決まったパターンでの就職説明や指導だけか、企業の受け売りに終始するだけ」

「しかも、標準語がうまく喋れないことから単なる安い労働力としてしか見ていないとか、研修は普通三ヶ月なのに沖縄だけは一〇ヶ月とか、あるいは長い間、米軍支配下にあった沖縄そのものに対する無知や無理解…。そういう不公平感みたいなものがだんだん不満の塊みたいになっていたというんですよね」

「そうすると、どうしても内にこもったり、仕事を辞めたり、生活できないから事件を起こしたりということになってしまう。そういう悪循環を断ち切るには、沖縄出身者が集まっていろいろ話をしたり食事会をしたり、ときにはエイサー大会を開いたり、沖縄芝居に取り組んだりというような、みんなが共有できて楽しめる場、相談や議論ができる場が必要ではないかということになったんですね」

だから議論も「ゆうなの会」では「内にこもった暗さを語り合う」ことから始まった。例えば、「そもそも復帰したとき、基本的人権を掲げた日本国憲法の下に帰れると思った。しかし、自由に往来できるとなったいま、なぜこんなにも悔しさがこみ上げてくるのか」と疑問が頭をもたげ始め、話し合いを続けていくと「みんなスーツケースひとつ持って本土にやって来た。しかし、そこに馴染む人と馴染まない人が出てくる。その壁のひとつが言葉だった」と知る。しかし、「標準語に訛りがあるからといっても、言葉というものは母のぬくもりが込められたもの。その誇りを持つことも必要」といった展開になり、では「本土での生活にうちなーんちゅ的なものを求めるのか、それとも、うちなーんちゅを捨ててヤマトゥンチュ（日本人）に同化するのか」と白熱し、最後は「うちなーんちゅとしての誇りをどう保つか」に落ち着くのだった、という。

一方で、仕事を辞めて帰郷したとしても沖縄には仕事がない現実、事件や悩みの背景には沖縄問題が潜んでいるのではないか、本土と沖縄の歴史に原因があるのではないか、というところにまで議論は深まっていった。そして「ゆうなの会」は沖縄の誇りを甦らすコミュニティであり、団結することが内にこもった暗さから抜け出てうちなーんちゅの現状を変革することだ、と結論したのだった。

「いちばんは孤独感からの解放？」

「そうですね、ゆうなの会に参加すれば、自分の思っていることをうちなーぐち（沖縄の言葉）でしゃべることもできると。やっぱり、東京のど真ん中で厳しい環境の下で仕事もしてるし生活もしているけれども、仲間がいるということで、横のつながりというか、うちなーんちゅ同士のつながりというか、会に参加すれば、そこに生き生きとした世界があるという感じで楽しくやっていましたから」

## □時代を映した寸劇

私の手元に、創作劇「涙の那覇港」と書かれた手書き台本がある。うちなーぐちが中心だが、下段には日本語訳もついている。脚本家が、もちろん書いたものではなく、集団就職で上京した芝居好きの若者自身が書いたものだ。全六幕からなり、二〜三〇分ほどだから寸劇が正しいかも知れない。五〇年も前のものだから、いま読むと、そのころの家族や親子関係のあり方といったものが見えてきて、それはそれで復帰直後の沖縄を考える時代考証的な面白さもあるのだが、貫かれているテーマはやはり沖縄と本土だ。

第一幕の舞台は沖縄の本部町。主人公は幸子。一七歳の高校三年生。主産業であるパインやサトウキビの価格低迷で苦しくなった家計を助けるため、大学進学を諦めて集団就職することに。先輩でボーイフレンドの順一が働いている東京に行こうと決心、初めて両親に打ち明ける。

『スゥ、わんねぇやまとかい　いじくうひなぁ（お父さん、私、日本に行ってくるよ）』

『日本だって？隣の順一が行っているところか？順一に惚れて会いたくなって行くんじゃないのか？』

『いやだ、お父さん、お母さんのこと思っていっているのも知らないで…』

『日本に行って、儲かって家に仕送りしたらお父さんもお母さんも生活しやすいでしょう』

『そんなに親のことを思っていたのか。それじゃ、親孝行と思って頑張ってくれ！幸子』

第二幕。出発の朝、集団就職者と見送りの家族らでごった返す那覇港。

『スゥ、東京や馬車や馬かきて、行かりるとくるやあらんどぅ（お父さん、東京は馬車や馬で行けるところじゃないのよ）』

『へぇ、そうだったのか！お母さんも来ている、さあ、お別れしなさい』

『幸子、旅では病気でもしたら大変だよ。これは油ミソとサーターアンダギー（砂糖天ぷら）だよ。船旅は寂しいから持っていきなさい』

『お父さん、お母さん、お体には気をつけて生活して下さいね』

『頑張ってこいよ』

『幸子、手紙はいいから、お金から先に送ってよ！』

『こら、何ていうことというか！』

第三幕。就職した会社上役の部屋。初めての給料日。

『金城幸子さん、やあ、ご苦労でしたね。仕事の方、慣れましたか？』

『はい』

『それでは今月分の給料、ここに印鑑押して。どうだね、今晩、ご飯をご馳走しようじゃないか』

『えっ、でも私、困ります』

『いいじゃないか、遠慮することはないんだよ。それとも誰かと約束でもしているの？』

『すみません…』

『沖縄の子はこれだから困る。仕事を覚える前からデートなんだから。もういい、行きなさい』


第四幕。先輩でボーイフレンドの順一と食事をした後の公園のベンチ。いきなり順一は沖縄に帰ることを告げる。

『いっしょに来た友だちもみんな帰っちゃってるしね』

『一年ぶりに会えたのに、私が出てきたら帰っちゃうなんて、私を避けてるみたい…』

『違うよ、幸ちゃん！』

『それに沖縄は不況だから仕事のあてもないでしょう？』

『これまでだって何度も帰ろうと思ったんだ。日本での生活に疲れちゃったからなあ、いまの仕事では技術が身につくわけでもないし、この一年で何回変わったか、面倒くさくなるくらいさ。家で漁業の手伝いでもして食いつなぐさ』

『それ（漁業）もいま沖縄では大変みたいよ、東（海岸）が石油（基地）公害で、西（海岸）は海洋博（一九七五年開催）建設公害で、海にはもう魚がいなくなったって』

『実は、オレも沖縄が心配になっていたんだ。子どものころはまだ沖縄の良さがずいぶんあった。それはアメリカに対抗するみたいなところがあったと思うけどね。でも、いまは何だか急に離れていっちゃうんじゃないかっていう気がすごくするんだ。この一年間、日本人の中にいて、自分がだんだん分からなくなっちゃってきているせいもあるけど』

『ずいぶん変わったのね、すごく大人になったみたい、立派になったね。私も順ちゃんのように日本で頑張ってみる』


第五幕。両親へ書いた幸子の手紙。

『早いもので東京に来てから一ヶ月になりました。職場も生活もだんだん慣れてきたところです。今日、初めて給料をもらいましたが、見習いのせいか余りたくさんはもらえませんでした。できるだけ家に送るようにしますが、今度もらうときにはもっと送れるようにします。仕事から帰り部屋でひとりになると、お父さんとお母さんの顔が浮かんできます…』


第六幕。郷里の先輩、恵美子が寮に訪ねてくる。

『どうしたの、幸子、元気ないじゃない?』

『ちょっとホームシックになっちゃって…。大したことはないけど。恵美ちゃん姉さんはデートだったの？』

『だったらいいんだけどね。西城秀樹とか郷ひろみなんてぜいたくいわないから、せめて会長ぐらいの彼氏ができないかなあ』

『誰？その会長って？』

『関東のゆうなの会の会長で、与那国さんていうちょっととぼけた人がいるんだ』

『ふーん、でも、そのゆうなの会って何なの？』

『沖縄出身の働く仲間が集まっていろんなことをしているのよ。いまはね、エイサー大会をやろうということで練習しているのよ』

『エイサー？恵美ちゃん姉さんもエイサーやってるの？』

『毎週日曜日に練習してるの見たら、何だかすごくやりたくなっちゃってね。今度、幸ちゃんも行こうよ！』

『うん！でも、ゆうなの会ってかっこいい男の人はいないの？』

『大勢いるから安心しなさい』

『うわ！今度の日曜日楽しみだなあ』

終幕。エイサーの練習場。パーランクー（手持ちの片張り太鼓）を先頭にエイサーの練習が行われている。その中に一生懸命に踊っている幸子の姿があった。（完）

分かりやすいストーリーとはいえ、沖縄の人たちにとっては、共同体や親子、仲間関係こそが「拠り所」だということがすぐ読み取れる。それは他府県についても同じかも知れないが、濃密さにおいて沖縄はさらに上位にあるのだろう。そして、この濃密な関係を維持していくための潤滑油のようなものがうちなーぐち芝居であったり、その中で交わされる会話の奥底に横たわる独特の息づかいだったりするのではないか、と私は思った。

寸劇に並んでもうひとつ、みんなが共有できて楽しめる場。それがエイサー大会だった。「ゆうなの会」会長の照屋さんはエイサー大会の意義をこう書いている。

『私たちの故里沖縄はいま、最大の失業率と不況に悩まされ、そのシワ寄せが（中高の）新卒者を始めとする若者たちに重くのしかかっています。その結果、毎年多くの若者が職を求めて日本本土に渡ってきますが、この本土の現実も若者が生きていくには厳しい状況にあります。その厳しさに耐えきれず、どれだけの若者が哀しい境遇へと追い込まれていったことでしょう。私たちはそのような現状を私たち若者自身が力強く打ち破っていくために、そして誇りある沖縄出身者として生きていくために「エイサーの夕べ」は最も大きな行事としてあります。私たちはこの「エイサーの夕べ」を来年も再来年も続けていきたいと思っています』（関東ゆうなの会会報誌「ゆうなの花便り」）

エイサーとは唄とサンシン（沖縄三線）、手にはパーランク、大太鼓、締太鼓などを持って、地域を踊りながら練り歩く沖縄の伝統行事。青年会が中心で、シマ（地域）の誇りと魂を込めて踊るところからエイサーには地域ごとの型がある、という。

「こういうものが、若者たちの孤独感を解放する手段に?」

「沖縄の人間が持って生まれたうちなーんちゅとしての魂というか、そういうものなんでしょうね。そういう意味では、復帰と共にその現実を味わったあの時代にマッチしたというか、東京で生活をする青年たちの思いをうまく吸収した場というか、成功した例ですよね」

## □それは映し鏡だった

「ゆうなの会」会長の照屋さんをインタビューした記事が残っている。

☆

さぞかしバイタリティーあふれる若者かと思いきや、とても百人の会員を引っぱっている会長さんとは思えないおとなしそうな、どこかしら文学青年を思わせる若者だった。

—どうして会長を引き受けるまでになったの
「こんな会の必要性を感じていたからといったらいいかな。東京に出てきて、しばらくすると自分自身もさびしさを感じたし、友人や知人が一人また一人とさびしさに耐えられなくなって非行に走っていったりするのを見て、親睦団体の必要を感じたんです」

決して雄弁ではないが、一語ずつかみしめるように話す照屋君の中に、うちに秘めた闘志が感じられた。東京で照屋君は印刷関係の仕事をしている。

「五人しかいない小さな会社ですがほぼマスターしました。もともと印刷関係の仕事で独立したいというのが私の夢なので、いい職場にありついたと思っています」

――東京に出てきてよかったと思う？

「一時はさびしかったけど、自分だけでくよくよ悩まず、仲間と接する努力をすることが大切だなあと、つくづく思います」（『サンデーおきなわ』一九七七年八月一三日号）

☆

暗中模索からのスタートだったとはいえ、「ゆうなの会」の活動に戸惑いや不安はなかったと照屋さんはいう。それというのも、印刷技術を身につけようと上京した照屋さん自身、集団就職の若者たちと同じ体験をしてきたからだった。

「初めての東京体験というのは？」

「沖縄にいたころは本土に対する幻想というか憧れというか、そういうものは持ってましたね。ところが実際に東京に行ってみると、まず寒さにびっくりしましたね。寒さにびっくりしたし、あの寒さは沖縄の人だったら、最初は堪えきれないというか、そういうものがあったと思うんです」

「次に、職場に行くとまず言葉の問題がありますね、うまく共通語がしゃべれないとか、それで馬鹿にされたり差別されたりというのがありましたし、実際、僕も、最初にアルバイトで入った出版社では年配の人から馬鹿にされたり、ということがありましたね。言葉だけではなく、沖縄はアメリカだろうとか、英語をしゃべるんじゃないの、とか。アメリカ兵の犯罪に怯えて暮らしてきた僕らからすると、何も分かってくれてないなと思ってしまうんですよ。そうすると、なかなか職場でもうまくいかないという思いになって、結局、仕事を辞めちゃうというのが多かったですね」

「疎外感みたいなものですか?」

「疎外感というか、まず憧れた本土に対する絶望感ですね。そこで初めて自分は必要とされていないみたいな疎外感を感じて、仕事を辞めて、孤独に陥ってしまうという流れですかね」

「船で晴海に着いて会社に就職すると。しかし、そんなに期間も置かずに絶望感、疎外感に襲われてしまう?」

「かなりの人たちがすぐに会社を辞めて、沖縄に戻ることもできずに行き場を失って、友人を頼ってアパートに居候させてもらうという人はたくさんいましたね」

「すぐにというのは一ヶ月とか二ヶ月?」

「わずか数週間で辞めちゃう人だっています。だって、僕らが中学校、高校のころはほとんどがうちなーぐちで生活してましたからね、方言というか。でも、本土では共通語使わないといけませんよね、それがなかなかうまく使えない、何語しゃべってるのって、からかわれたり。ようやく日本に復帰できたってこっちは喜んでいるのに。言葉に対する差別は相当なものですからね」

「照屋さんはなにくそと思った?」

「反発はありましたよ。だから最初の会社は辞めちゃいましたけど。仕事への夢は諦めずにずっとやってたんで、収入もあったし、アパートも狭かったけど、トイレも風呂もついたところを借りられましたんでね」

「照屋さん自身、本土は馴染めた?」

「寒さには馴染めなかったけどね。ふたつ目に就職した印刷会社が良くて、仕事は非常に楽しかったしね」

「そもそも印刷関係を学びたかった理由は？」

「人生の展望というものはなかったですけど、出版社の仕事のアルバイトを見つけて入って、本が好きだったからね、ずっと読み漁っていたし、自分でも漠然と本に関わる仕事をしたいと思っていたし、そんなときに印刷会社の社長に出会っていろいろやり取りをする中で、社長から、じゅうちに来ないかと誘われて、それですぐに、はいと答えて印刷会社に入ったんですよ。会社といっても社長と奥さんと僕の三人という会社でしたけれどもね。文京区にあって周辺はもう印刷屋とか製本屋が立ち並ぶ下町というか、印刷街というところでしたね。そこで印刷の技術と夜は写植、学校に通って写植の技術を覚えたりしてね」

「生活する場所として本土、東京というのは合った？」

「ずっとそこで生活しようとは思わなかったですね。やっぱり沖縄とは違いますよね、生活のリズムとか季節感とか。だから、いずれは沖縄に帰りたいということがずっとありましたからね。東京に生涯住み続けたいという人はそんなに多くないんじゃないですか」

「結局、沖縄に戻ってしまうというのはなぜですか？」

「沖縄が好きというか自分の故郷なんだけど、例えば、九州の人が東京に住むのとはまた違うものがありますよね。いちばんの違いはうちなーんちゅとしての気持ちというか、いまよく使われているアイデンティティというか、やっぱり沖縄に帰りたいという、それはもううちなーんちゅの根底にある、何というか、魂というか、そういうものがあるんでしょうね」

「照屋さんにもそういううちなーんちゅとしての魂が?」

「はい。もともとうちなーんちゅと本土の人とは血というか、異質なものというか、これは長年培った沖縄の人間の、何というかうまく表現できないけれども、持って生まれた資質、資質とも違うね、持って生まれた情感というか、魂というか、そういうものがあると思いますよ。また沖縄の環境が合ってますからね、年中暖かいし、うちなーんちゅの良さというか人柄というか、生活しやすいしね、人づき合いもね、あまりストレスを感じないんですよ、感じなくて、いいたいことをいえるし、ストレスを感じないというのが沖縄に、人間関係も含めてあるんじゃないですか」

「そして、沖縄に戻った?」

「五年間、東京にいていろんなこと学んできたし、仕事も覚えたし、沖縄では大先輩の先生が石油基地建設反対闘争を頑張っていたし、先生の家も近いんですよ。それにずっと慕ってきた人でしたからいっしょに闘おうと思って、それで帰ることにしました」

「沖縄に帰って、アパートの一室に写植の機械一台を買って仕事をしながら、闘争にも参加したり、歴史思想家の新里金福さんたちといっしょに沖縄評論という雑誌の創刊号を出して、僕が印刷もしてという活動もやりましたね」

写真植字機一台を購入し、アパートの一室から始めた印刷業。それは単身上京したときからの夢をひとつひとつ実現していくスタート点だった。いまはそれが事務所と仕事場だけでも一五〇平米はあろうかという「ゆうな印刷・工芸」に成長していた。

「この部屋にはいろいろな機械が並んでますね?」

「非常に散らかってますけどね、物があふれて…。こっちが事務所、後ろにあるのはデザイン制作用のパソコン、その後ろは横断幕を作る大型プリンターですね」

「こちらが工場で、これはTシャツを印刷するシルクスクリーンの機械ですね」

「文字を刷り込んだりする?」

「そう、文字を印刷する機械ですね。紙の媒体だけでは経営が厳しいんで、それでTシャツや横断幕とか幟とかいろんなプリント物を扱うようになりましたね」

照屋さんは出版も手がけている。これも長年の夢だった。

「この機械はページのある本などを製本する機械ですね。あの奥にあるのが昔からある活版機、右側の奥の方は、古くなってますけどオフセットの印刷機で、こちらが表紙を閉じる無線綴じ機ですね。折丁の背の部分を製本糊で固めて綴じる機械ですね」

「印刷物やプリント物だけではなくて、本も?」

「自費出版とかですね、編集から出版まで」

照屋さんの話を聞きながらひとつ理解できたことがあった。それは印刷とは思想だ、ということだ。もちろん、仕事だから何でもかんでも引き受けるという考えもある。しかし、「ゆうな印刷・工房」を見渡しても、そこのどこにも何でも印刷します的な徴候を見つけることはできなかった。伝票や名刺といった小さな印刷物、ポスター、それにTシャツ、横断幕、幟、さらに雑誌や書籍の製本から自費出版物に至るまで、そこには照屋さん自身の思想の世界があった。だから私にはどうしても聞いておきたい最後の質問があった。

「印刷会社の面白さって何ですか?」

「楽しさですかね、何もないところから一冊の本ができたり、作る楽しさですかね。言葉を変えていえば、何かを変えるための媒体、手段、例えばこういう雑誌にしても社会を変えるためのひとつの手段になっていますよね」

照屋さんが手に取ったのは製本中の一冊。表紙には「中国での戦争体験記を読む~沖縄出身兵一七〇人の証言~」とある。

沖縄がコロナパンデミックの脅威に襲われていた時期にまとめられた追補版ということで、それだけでも大変だった上に、本の中身も、日中戦争下における沖縄出身兵士の戦争体験を中心にしながら、沖縄にとっての「加害と被害」あるいは「恩と仇」というかなり深刻なテーマを扱っている。つまり、琉球王国という沖縄の歴史に立ち返れば、中国は極めて親密な国であり国の基礎をアドバイスしてくれた先進国だった。しかし、廃藩置県後、日本の一県となった沖縄だったが、一五年戦争が始まると、今度は一転して中国は敵となり、戦場に動員された沖縄兵士は身を引き裂かれるような立場に立たされた。そしていま、新たな中国脅威論を前に沖縄は何をどう選択すべきかと問うのである。

「これをうちなーんちゅが読んだら感じるものがあると思いますよ。社会のありようを解明するというか、知らしめるというか、読んだ人の意識を変えていくというか、そういうことを媒介する手段として印刷物はあるのかなと。だから楽しさの反面、意識を変えていくための契機になり得る仕事だと思いますね」

「つまり、照屋さんは夢を実現させたと?」

「僕を入れて五人というしょぼい印刷屋なんだけれども、それでも満足してますよ。それに、この印刷技術がなければ生活はできなかったと思います。前原高校中退の中卒だから、まともな仕事には就けなかっただろうし、自営業じゃないと生きてこれなかったと思いますよ。そういう意味では、夢は叶ったんじゃないですか」

# 第八章　復帰の日とその深層

一九七二年五月一五日。月曜日。大雨。

この日は、二七年間に及んだアメリカという異民族による支配からようやく解放され、再び日本の一県に復帰した最初の日だ。「県民」にとっても、それなりの感動や感激があっていいはずだった。

私もこの日をゴールに足かけ五年間、居住地を沖縄に移し、さまざまなできごとをカメラで記録してきた。心の高ぶりが押し寄せても何の不思議もないと思っていたが、感動や感激、心の高ぶりは朝から続く土砂降りの雨にすっかり押し潰されてしまい、何とも気が抜けたというか、けだるいというか、抵抗しても無駄だというか、沖縄ではよく使う「ちるだい」な気分に陥っていた。

そんな中、粘土質のせいか自らの姿が地面に映るほど濡れそぼった公園では、これが最後の最後だ、といわんばかりに気力を振りかざした抗議大会が開かれていた。「五・一五を屈辱の日として闘おう」という大会スローガンの下で、「こんな復帰を望んできたわけではない！」と登壇者が悲鳴にも似た叫びを発する。

演壇前に陣取った参加者たちの後方ではその叫びを聞き逃すまいと、二〇数人の高校生グループが聞き耳を立てる。セーラー服を着た女生徒の白いソックスや黒色の靴は半分泥色に染まり、ふたりの女生徒が広げる横断幕の「沖縄返還協定粉砕、自衛隊上陸阻止、五・一五全沖縄高校生統一行動」という墨文字は、叩きつける雨のせいで滲み、しかも雨水がたっぷりと染みこんだ横断幕は持っ

復帰の日、雨の中で声を上げる高校生たち（1972年5月15日 与儀公園）

ているのも苦しそうだった。ときおり、雨合羽の下に学生帽に制服を着込んだ男生徒らが、演壇からのシュプレヒコールのかけ声に合わせて突き上げる右腕もばらばらで、そこにも「ちるだい」な気分が見て取れた。

与儀公園での抗議大会とデモ、そしてこの日から始まったドルから円への使用通貨交換に伴う両替風景などをファインダーでのぞきながら、一方で、依頼されていた「復帰の日の記録　沖縄五・一五　私はこう思う」という週間雑誌の取材を含めて、この特別の一日を撮った写真はたった七〇枚。その少なさは、いま思い返しても「ちるだい」のせいだった。

## □復帰の日から始まった「溝」

夜遅く、月五ドルで借りている白黒テレビをつけると、昼間に行われた復帰記念式典の模様が映っていた。

「沖縄は本日、祖国に復帰いたしました。…今日以降、わたくしたちは同胞相寄って喜びと悲しみを共に分かちあうことができるのであります」

画面は天皇、皇后を右背に、武道館の広い壇上に立った首相の佐藤栄作が式辞を述べているところだった。

「…ここに重ねて自由を守り平和に徹する誓いを新たにするものであります。…戦中、戦後における沖縄県民各位のご苦労は、何をもってしても償うことはできませんが、今後本土との一体化を進める中で、…豊かな沖縄県づくりに全力を挙げる決意であります。…戦争によって失われた領土を外交交渉で解消したことは、史上きわめて稀なことであり、…米国政府より示された友誼に感謝し、その大局に立った英邁な決断に敬意を表するものであります。…」

続いて、式場となった那覇市民会館では日の丸を背にした初代県知事、屋良朝苗が挨拶に立っていた。

「沖縄の復帰の日は、疑いもなくここに到来しました。しかし、沖縄県民のこれまでの要望と心情に照らして復帰の内容をみますと、必ずしも私どもの切なる願望が入れられたとはいえないことも事実であります。そこには、米軍基地の態様の問題を始め、内蔵するいろいろな問題があり、これらを持ち込んで復帰したわけであります。したがって、私どもにとって、これからもなおきびしさは続き、新しい困難に直面するかも知れません。…しかしながら、私ども沖縄県民は名実とも日本国民としての地位を回復いたしましたし、政府ならびに全国民の皆さまにおかれては、沖縄問題を新しい立場から共通の課題として止揚していただき、その完全・全面的解決のためこれまで以上のご関心とご協力を賜わりますよう念願するものであります」

佐藤首相は、復帰によって、(これまで沖縄が受けてきた)戦中、戦後のご苦労を償うことはできないが、これからは本土との一体化の中で喜びと悲しみを共に分かちあいながら、豊かな沖縄県づくりに全力を挙げる決意だ、と述べ、そして、今度の返還は、戦争で失われた領土を外交交渉で解決できたというきわめて稀な例であり、アメリカには感謝し敬意を表する、というのである。

一方の屋良新県知事は、(復帰に伴う)不満のひとつは、基地問題を始め内蔵する(犯罪や事件、事故といった)厳しい現実が復帰後も続くだけではなく、新たな問題にも直面するかも知れない、と率直に懸念を示し、しかし、と述べる。しかし、日本国民としての地位を回復したいま、（これら懸念される）沖縄問題を新しい（日本国憲法の平和主義と基本的人権の保障という）立場から共通の課題として考えてもらいたい、と注文をつけたのである。

めでたい日の初日に発せられたふたりのメッセージ。祖国に復帰したという祝意は乏しく、両者の式典挨拶から窺えるのは、「日本」と「沖縄」、「政府」と「県」というふたつの間に横たわる「溝」だ。すべての修飾語を省き、最後に残ったものを言葉にすれば「復帰はアメリカのお陰で感謝すべき」という日本政府に対して、沖縄県は「そのアメリカはどれだけ県民の生命・財産を奪ってきたか」と問うのだ。

復帰をめぐるこの基本的な認識の違いは、そのまま大きな「溝」となっていまに続くのである。

一九七二年六月二日号の『アサヒグラフ』を開いてみる。「復帰の日の記録　沖縄五・一五　私はこう思う」とのタイトルのもとに、復帰の日に街で拾った声が特集されている。私も、このときの取材ではさまざまな人たちに会った。

「復帰しても基地はそのまま。自衛隊は移駐するし、平和な沖縄は帰ってこない。支配者がアメリカから日本に変わっただけだ」（高校生一八歳）

「完全に復帰に満足しているとまではいえないが素直に喜んでいる」（養鶏業四五歳）

「やっと実現したという感じだ。これからは仕事にも誇りが持てる」（警察官二六歳）

「いままでは沖縄の青年は故郷から出ていった。復帰後は経済力のある沖縄を期待したい」（個人タ

クシー運転手三八歳）
「植民地支配から解放されパスポートもなしで本土に渡れるのは嬉しいが、自衛隊など一方的な押しつけ政策には怒りを覚える」（調理師四二歳）
「本土と沖縄の教育格差を縮められるのが唯一の希望です」（バー経営者三二歳）
「何も感動はないわ。本当はこれからなんですといいたい」（バスガイド二〇歳）

街の声を補足し、つなげていけば、復帰したことへの思いはこのようなことか。

「長い間の念願だった復帰が実現したことはとても嬉しいし、自分の仕事も米軍支配下とは違って本来の役割を果たせるだろう。爆音や騒音に加えて学校設備や教材不足といった教育現場や、基地経済という歪んだ経済構造も是正されるに違いない。しかし、最大の願いだった基地がそのまま残されてしまったことは、最大の不満であり不安だ。だから、復帰した今日の本当の気持ちはと聞かれたら、感動というよりもこれからこそが問われるといいたい」


それから五〇年。いまでは沖縄の祖国復帰も歴史の一行となってしまったが、ひとりひとりの声はその歴史の内実にヒントを与えてくれる。即ち、沖縄は復帰を機にどういう道をたどっていまに至っているのか、ということをである。

そう考えた私は、復帰前に撮影した写真を手に、B52戦略爆撃機の墜落・爆発で死を覚悟したという読谷高校生や、同級生が米兵に刺傷されるという事件に直面した前原高校生、そしてあのコザ暴動で思わず車をひっくり返してしまった高校生を再訪する旅の中で、それぞれの人たちは「あの日」をどう迎えたのか、聞かないわけにはいかなかった。

## □日本は選択のひとつだった

Ｂ５２事故に抗議しその撤去を求める運動の前で、自分たちにできることは何かを議論した読谷高校での校庭討論会。議論の行く末にじっと目を凝らし、耳を傾けていた仲宗根京子さん。復帰の日は、すでに高校を卒業し、大学進学を目指す浪人の身だった。

「家で家事をしてました。洗い物をしたり掃除をしたり、普段の生活をしてました。もう本当によく憶えてるんですが、土砂降りの雨で、もうこれは悲しみの雨だなって自分は思ってて、ただ万歳、万歳っていうことじゃなくて、これから厳しい試練が始まるぞっていう気持ちの方が強くて、それを知らせる雨なんだなあと、とても強烈にその日のことは憶えてます」

「核抜き本土並み」返還はまやかしだとして、返還交渉に出向く佐藤訪米に抗議する嘉手納村民大会に初めて参加したという読谷高校一年生の山内洋子さん。すでに卒業し、医療関係の道を歩み始めていた。

「復帰はしたんだけれども何が変わるんだろうなあって思いましたね。嬉しいとか、これで日本に帰れるんだという喜びの気持ちはなかったですね。そこには祖父や祖母から、琉球の人はこういう風に交易をしてきたんだよ、という話を聞かされてきたからかも知れません。すごかったんだよと、アジアの国々に進貢船を走らせたり、こんな小さな島だけどひとつの王国だったということをずっと聞かされていたので、やっぱりそういうアイデンティティの方が強くて。ですから、復帰したからこれで日本人になるんだという意識はなかったんじゃないかなと思います」

「でも、困ったことに、やはり復帰しないと自分の位置というのがはっきりしない、どこかに置かないといけないという思いもありました。琉球国にはなれないし、中国にもなれないし、アメリカにもなれないし、自分の血はどこなんだろうと。そうすると、ひとつの選択肢が日本復帰だったのかなっていうこともかすかに感じていましたね」

山内さんといっしょに村民大会に参加した當眞美智子さんは東京で大学生活を送っていた。

「返還されても沖縄は沖縄だと思ってました。復帰したから沖縄県になるという認識は持ちづらかったですね。県民というアイデンティティではなくて、復帰はしたけれども、沖縄県にはなったけれど、日本国民になったっていうよりは沖縄人、うちなーんちゅなんだというのを確かめたという日でした。だから、私は日本人になったという感覚は持てなかったですね」

## □「秘密の部屋」の高校生たち

授業ボイコットを呼びかけたものの、結局は失敗に終わった「秘密の部屋」に集った読谷高校の高校生たち。ヤマトに憧れヤマトゥンチュに憧れていたという上間邦博さんは初めての東京で暮らし始めていた。

「ファッション関係の仕事をしてました。とにかくもう憧れがありましたんで、沖縄から出てみたいなという田舎者のちょっとした好奇心ですかね。行ってはみたんだけれども何をしていいやらぶらぶらしてました。復帰の日は国会議事堂にデモ行進した憶えがあるんですよ、竹ざお持ってスクラム組んで…。基地がなくならないことへの抗議だったかな。それ以外、特に印象はないですね、復帰の日は」

上間さんと同級だった桑江朝順さん。

「復帰は期待してましたよ。なぜって、基地の中に土地があったもんだから、勝手に取られてしまったもんですよ。ああそれが返ってくるなと思って。でも、見事に裏切られたもんな。嘉手納基地滑走路の近くの兼久っていうところ。いまもそのままですよ」

新崎彰さんは地元、琉球大学の二年生になっていた。

「期待もありましたけどね。これで沖縄にも憲法が適用されるんだというね。それはいいんだけれども、それが最も肝心の人権とか平和に関わるはずの基地が一向に変わらない、疑問も解明されないですから、復帰した日もデモに参加していましたね。大学生だったけれども勉強するような雰囲気ではなかったです、毎日が」

読谷高校は卒業したものの大学受験に失敗。二浪目となっていた伊波寛さんは受験勉強に追われる日々だった。

「ちょうど二浪目でしたから復帰どころじゃないですよ。とにかく次はどこか受からないと大変だということで…。だから、復帰しても何も変わらないだろうなあとしか思わなかったですし、新聞も、変わらぬ基地、続く苦悩、厳しい前途とか書いているものですから、復帰に期待するものは全然なかったですね。大体、子どものころからあるあんな大きな基地が、いち夜にしてなくなるなどということは誰も考えないですからね。喜びもなければ特別に期待もないと…」

大学に入っても学生運動にのめり込んでいたという真壁朝廣さん。

「琉球大学四年のときで、復帰最後の学生運動というかな、大雨の中、半分以上の学生が与儀公園の抗議集会に行きましたよ。大衆運動としては思い通りの復帰ではなかったということですよね」

「やっぱり基地とかですね。当時、調べたことがあったんですよ。沖縄本島の三割近くが基地ですよね。そこから抜けられないですよね。それで復帰というのも矛盾した話だなあとみんなで怒っていました」

高校三年生のとき、基地労働者だった父から「大学落ちたら就職だぞ」ときつくいわれていた松田盛光さんは試験に合格、本土で大学生活を送っていた。

「僕はあのとき、ヤマトに行って大学生活を送っていて、四年生のときに復帰したので、沖縄での盛り上がりは分からないんですけれども、友だちを連れて船で帰ったときに那覇港に着いたんですね。港で降りて、バスで五八号線（旧軍用道路一号線）を読谷まで来るんですが、ずっと基地のフェンスが続くんですよね。すると彼らから、沖縄はフェンスだらけだねっていわれて、ああそうだなと、沖縄の中に基地があるのではなくて基地の中に沖縄があるというのは、表現として全くそのものだと思いました」

「それで次に復帰したんだから何か変化があるかと思ったんです。しかし、はっきりいって何も変わっていなかった。ドルから円になっただけですかね。復帰の日で脳裡に焼きついているものといったら、読谷高校の先輩でもある屋良知事が、式典の挨拶で見せていた苦悶の表情だけですね。形だけというか、はぐらかされたというのが本音でしたね」

その日、高良和夫さんはデモの中にいた。

「そのとき私は琉球政府の職員だったんですよ。正しくは、この日、発足したばかりの沖縄県職員ですかね。ひとりの官公労組合員としてデモ隊の中にいました。復帰に対する幻想もありましたが、その日はもう期待もなかった。そのときがきてしまった、という感じですね」

突然起きた家庭の事情を前に、入学したばかりの地元の大学を中退せざるを得なくなった知花賢信さん。中途採用だったが琉球電信電話公社に採用され、復帰の日を迎えていた。

「それまでは従業員のほとんどはうちなーんちゅでした。独立した組織でしたからね。それが復帰とともに日本電話電信公社の一支店になったわけですから、それはもう何ていうんですか、指揮命令系統だけではなく、上下関係からくる差っていうのがものすごく大きかったですよ。ポジションもそれまでに比べれば低くなるわけです。ああ、復帰前はこうだったのにと悔しがったり…。僕は復帰のとき、そんな会社にいました」

## □不安の中にも喜びも・・・

米兵に後輩の女生徒がナイフで刺されたとき、全生徒を代表して怒りのメッセージを読み上げた座間味健二さん。この年の三月に前原高校を卒業していたが、アルバイトに精を出す日々だった。

「その日は、アメリカ軍の外人住宅で住み込みだ。バイトしなきゃいけなかったですから。家はかなり厳しいものですから、経済的に、お金作りたかったんですよ。それで母親がつながりのある外人で、結局ステーツ（アメリカ）に一時帰国したアメリカ人軍属、そこには犬も猫もいるわけですよね。それを世話する人はいないかということで、そこで僕がこの家族が帰国している間、犬と猫の食事の当番してました。ちょうどいまの北谷高校のあたりで、当時は全部外人住宅でした」

「復帰の日だからといっても、何も考えなかったですね。ただ生活が大変なもんだから・・・。とにかくお金作らんと、内地ですか、本土の大学に行けないなと。学費もないし、授業料も払えないような経済状況でしたから。日本に復帰したんだという実感は何もなかったですね」

「政治活動を止めるか、続けるか」の選択を迫られ、結局、前原高校を中退することに決めた照屋勝則さん。警備の警察官が火炎ビンの炎に包まれて死亡するという大荒れのゼネストが終わったあと、復帰までの半年間、沖縄の言葉でいえば「ちるだい」な気分を味わっていたが、大雨となったこの日、ひとり孤独感に耐えていた。

「与儀公園にいましたね。ひとりで行きました。大雨でね、そこでも完全にひとりでした。というのは中部地区反戦青年委員会も自然消滅というか、人はもう集まらなくなっていたし、琉大の学生さんも活動がやれるような状態ではなかったしね」

「復帰の喜び、それはなかったですね。いよいよこの日がきてしまったかという感じでしたね。それまでは反復帰を訴えて、みんなと戦ってきて、それで五月一五日を迎えて、今日から日本になるということで、いったいこれから沖縄はどうなるのかなあという不安を感じながら、ひとり大雨の中にいました」

復帰を一年半後に控えていた深夜、米兵が起こした交通事故の処理を巡って始まったコザ暴動。米軍車両が次々と焼き打ちに遭い、その炎の陰に紛れて多くの高校生も参加したといわれていたが、そのひとり、高校二年生だった中根学さん。復帰の年の三月にコザ高校を卒業したが、大学受験に失敗、式には参列せず、予備校探しを始めるなど東京でのひとり暮らしを始めていた。

「僕は帰らなかったですよ。受験で二月二〇日ごろ上京したまま、三月一日の卒業式にも参加しなかったですね。沖縄を行ったり来たりしますと、お金もかかりますからね。ずっと東京にいて、結局、浪人することになってしまって、復帰の日というのは早稲田予備校の寮にいて、仲間に、おい、代々木から日比谷まで行進があるので見に行かないかって呼びかけたんだけど、みんなそれどころじゃないと、ぐずぐずいわれて…。仕方ないからテレビを見ていたら、沖縄では大雨の中を行進するデモ隊の姿が画面から迫って来るし、那覇の式典会場では渋い顔で挨拶する屋良朝苗さんの沈鬱な表情が映ったりするじゃないですか、それを見ていると、どうも万歳どころじゃないなというのを思い知らされていましたね」

「それで、外に出てみたら、高田馬場駅付近でラジオが三元中継というのを生でやってたんですよ。リポーターの周りには女性四～五人が集められていて、沖縄のね。それで復帰してどうですかって聞かれて、良かったですと、先輩たちはパスポートで来てパスポートで帰るということをやってましたので、それがなくなるし、とにかくいいと、これからを期待しているというような話をしている。そのうち僕のところに来て、学生さんですかと聞くので、浪人生ですと答えると、沖縄からですか、復帰してどうですかと聞くので、みんながみんな喜んでいるわけではありませんよ、っていったら、それ以上はしゃべらせないとばかりに、突然こちらにどうぞっていわれて、僕自身ショックを受けました」

「復帰したという実感はありましたね。何といってもパスポートはもういらないという現実が目の前にありますからね。あのパスポートは大切な身分証明書でずっと持っていなければならないというのがありましたから。いらなくなったというだけでも、四七都道府県の一県になったという実感があるわけですよ」

## □「本土一体化」に抗する人々

二〇二三年一月、私は沖縄行きの機中にいた。手元には、五一年前の一九七二年七月七日号の『アサヒグラフ』があった。そこには「本土化に抗する沖縄の群像」というタイトルの下で五人の人物に焦点を当てた写真と文章が掲載されている。沖縄が復帰したあの土砂降りの大雨の日から一〇日ほど経ったとき、「ちるだい」な気分からようやく脱した私の脳裡を横切ったある思いが実現したものだった。

それは、アメリカ支配から解放された沖縄が本土との一体化を謳う復帰をどう受け止め、これからの沖縄をどう夢想しているのだろうか、ということについて、何人かの人たちに聞き歩くことだった。念頭には歌人、記者、医師、そして公害や環境破壊など今後予想される事態から沖縄の自然を守ろうと闘う人たち五人の姿があった。

そのひとりが那覇高校の国語の教師で歌人の平山良明さん。そのとき三七歳。

沖縄には八八八六という三〇文字で詠まれる琉歌があるが、一文字多い三一文字の短歌はポピュラーとはいえない。しかし本土生まれの私には琉歌の世界はわかりにくい。そんなある日、沖縄でも短歌を詠んでいる人がいることを知った。もちろん、私自身、短歌の世界に詳しいわけではないが、たまたま私の母が詠んでいたことがあり、琉歌よりも短歌の方が身近にあったということだ。そんな関心から平山さんは復帰した沖縄のいまをどのように感じ、それを短歌に詠い上げているのか、その思いを知りたかったのだ。

そのときの『アサヒグラフ』に私はこう書いている。

☆

「同族の 支配さながら 呼びてある 妖笑（ようしょう）のいま 沖縄を襲う」

歌人である平山良明氏は日本の沖縄を軸とした〈暴走〉と犯される島弧に限りない怒りと憐れみを感じながら、およそ冷静さを保つことにいらだちながらこう詠んだ。

本来は教育者だが短歌の世界でも一七年のキャリアを持つ。短歌的叙情など枯れきっている、と本人はいうが、もとよりこれは彼が沖縄の状況と無関係ではあり得なかったことを意味している。つまり一〇歳のとき、生まれ故郷の今帰仁村で見た米軍爆撃や伊江島空襲、大地に吸いとられていくおびただしい人間の血などに具体的に象徴される暗闇のイメージに始まる今日までの彼の歴史が、真の人間を生き抜くためには土地闘争や復帰運動にかかわらねばならなかったというところに表れている。従って日常的に他者に侵略され続ける〈異常性〉の中では、叙情や甘い感傷が湧き上がる土壌も精神も育ち得なかったし、人間のロマンを想像し得る短詩形文学も育ちにくかったのだ。

しかし復帰が具体的プログラムとして目の前に現れたときから、平山氏を含めた沖縄の民衆が、ものに憑かれたように見続けた祖国日本は「逆襲してくる悪魔の声にも似て」、ただ慄然とさせられるばかりであった。公害企業といわれる巨大な石油基地群は居座り、自衛隊は有無をいわせず上陸した。さらに観光客と称するヤマトゥンチュは大挙して押しかけてきている。平山氏にとってこれらいっさいが、新たな支配と屈辱の第一歩と映る。そしてこの光景は幼少のころ垣間見た黒々とした風景とオーバーラップして暗い予感にかられる。

しかし、「うたもどろんこ、わたしもどろんこ」と現在の自己状況を規定し、その上に立ってヤマトに対置できる文化の軸を琉球弧の中に形作りたいと情熱的というにはほど遠い淡々とした口調で決意するとき、暗い予感に覆われた将来像の彼方から、おぼろではあるが沖縄のある確かな明かりが視界に浮かび上がってくる。平山氏にとって復帰とは、さらに本土的にならされていくであろう沖縄にあって、日本国家に対決し得る強固な文化軸を短歌を中心として構築することなのだ。

☆

私は五一年ぶりに平山さんの自宅を訪ねた。

玄関は開いていて、その奥にあるリビングのテーブルに座ったままの平山さんは「ちょっと、体を動かしづらくてね」といって、右手を振りながら迎え入れてくれた。当然ながら私も歳を重ねてきたが、平山さんは「僕だってもう八九になるよ」と笑う。書道を教えていた奥さんを亡くしたばかりで、ひとり暮らしとなったいまはケアマネジャーのお世話になる日々だと寂しげだったが、近くに暮らすふたりの娘さんが交互に朝食と夕食を作りに来てくれるから大助かりだよ、とこのときばかりは嬉しそうだった。

ひとしきりお互いの近況話しで盛り上がったが、手土産にと平山さんを取り上げた『アサヒグラフ』のコピーに目を落としたのを見て、平山さんの短歌に初めて接したとき、自分は大変強烈な印象を持ったことを改めて伝えた。すると、平山さんはテーブルの上に重ねてあった何十冊という本や雑誌の中から一冊の文庫本を抜き取ると、「これあげます」といって私の前に差し出した。表紙には「歌集 あけもどろの島 第一歌集」とあり、「復刻版が出たんです」と続ける。平山さんの略年譜に目を遣ると、初版は一九七二年一月とあった。短歌を始めたのが琉球大学に入ったときからとも書いてあったので、すでに一七年間積み重ねてきていたことになる。その中から選抜された四〇〇首ほどがページを飾っていて、パラパラめくっていくと、後段に「日本の傾斜」という見出しの最初の一首が目に止まった。

「同族の 支配さながら 呼びてある 妖笑（ようしょう）の いま 沖縄を襲う」

あのときの短歌だった。改めて五七五七七文字をじっくり味わった私は、思わず平山さんを見つめた。

「この五〇年はどんな五〇年でした？」

「そうだね、思想的な考え方としてはちっとも変わらないような、悪くいえば同じことを繰り返しているような…。日本の政府は沖縄の平和のことを考えていますか？ 戦争のことがどこまでも考えきれないのかな、もう一度、日本を守ればいいと。わからんなあ」

いきなりの質問だったせいか、平山さんは思い浮かんだ言葉を紡いでいくような答えをした。ちっとも変わっていないじゃないか、悪くいえば同じことを繰り返してきただけじゃないか、日本政府は沖縄が平和であって欲しいと考えているのだろうか、と。そして、平山さんが続けた「戦争のことが…」のあとは、想像で補った。平山さんはこういったのだ。

「あの戦争で沖縄がどれだけ悲惨な目に遭ったのか、日本政府は考えることができないのかなあ。再び戦争が起きたら、前と同じように沖縄を楯にして、もう一度、日本を守ればいいと考えているのかなあ、どうにもわからない」

歌集のタイトルにある「あけもどろ」というのは明け方、東の海から昇ってくる深紅の太陽のことだ。その周りで紅く染まった雲には霊力が漂うとされ、それはまた花弁が開いたように見えるところから「あけもどろの花」とも呼ばれた。この沖縄の「魂」は五世紀頃から始まった「おもろ」と呼ばれる歌謡として謳われノロ（巫女）や神職、あるいは王家の儀式など多種多様な場で受け継がれてきた。

「海上の道」である沖縄はこのような自然に対する畏敬を背に数々の独自の歴史を生んでは育ててきた。外面上は薩摩の侵攻から廃藩置県に至る明治政府の琉球処分、そして楯とされた戦争や米軍占領など「支配と屈辱」という悲しく暗い絵巻でありながら、それでもそこに脈々と流れているのは「太陽の思想」即ち「あけもどろの心」であり、それを受け継いだ人々が住む「あけもどろの島」、即ち沖縄だというのだ。

米軍の占領から解放されて五〇年、再び日本に復帰した現実は…。

沖縄の人たちが「祖国に帰りたい」「祖国復帰だ」と叫び続けた「祖国」。いまその祖国って何ですか、と問うた私に、平山さんは一瞬考え込んだ。その無言の長さに私は失礼なことを聞いてしまったのかなと思った矢先だった。

平山良明さん（1972年6月 米軍ゴミ集積場）

「世の中の風向きがこんな（ウクライナ戦争や中国からの脅威の）ように変わる中で、軍事的に沖縄を優先するという日本政府の考えの中に（沖縄県民の心のことまで）及んでいないということは（もうそういう配慮が日本政府の）心にないからじゃないか。そういう祖国だったら、こういう写真と同じでブルドーザーで綺麗に掃除すればいい」

「こういう写真」と指さしたのは、私が『アサヒグラフ』に載せた写真のことで、平山さんが詠んだ歌の心象風景を写真で表すとすれば、どういう背景がいいのかと考えた末に、当時、具志川にあった米軍基地や米軍住宅から排出された空き缶や空き瓶で埋まったごみ集積場はどうかと提案した。現場に立った平山さんは「ここここそ吹きだまりの地点だな」とつぶやいた。横文字ラベルが貼られたままの無数の缶や瓶に囲まれるような格好になった平山さんは、その余りの多さにこんなところまで占領されてしまっているのか、と直感したに違いないと推測したことを私は憶えていた。

このゴミ集積場は復帰と共に、それこそブルドーザーの力を借りて綺麗に掃除された。『アサヒグラフ』の写真を指さした平山さんは、いまも無用なものはブルドーザーの力を借りてでも綺麗に掃除してしまった方がいいというのだった。

期待した祖国。しかし、もはやブルドーザーで掃除してしまったほうがいいといわなければならない祖国。では、これからの沖縄は、と私は再び平山さんを見つめた。

「これからの沖縄…。これは難しいね、人間がいる社会だから。テロを起こすわけにはいかんしね。世の中、やっぱり人間はどこか強くなければいかん。悪者だって人のことなど考えずに自分のことを守っていると思うよ。だから難しいなあ。そうすると人間は、自分を守るのは自分だと、人を頼れないじゃなくて、頼らない。これしかないいかな」

もう沖縄を守るのは沖縄自身でしかない、というのだ。

## □人は頼らず、毎日一首

では短歌はどうか。

五一年前に会ったとき、平山さんは、日本国家に対決し得る強固な文化軸を短歌で構築したい、沖縄があけもどろの島となるまで詠み続けたい、と私にいった。そして、そのことに触れると、平山さんの言葉は俄然、勢いがついた。

「われわれの短歌は三つあります。郷土を詠む、社会を詠む、そして時代を詠む。僕はいまも一日一首を作っています。今日も書きました。最近はスマホを使って、下書き未送信というところに保存しておくんですよ。一日一首というのは、素案をまずそこに入れておくんですよ、例えば今日だとこんなのを書きました。

二度以上 殺されそうな 世（ゆー）にいて死ぬのはイヤだ…

まだ完成していないですよ、寝かせておくんですよ。そして朝起きたらこれ捨てようかとか、よしこれは完成させようかとか決める。こうして毎日一首を作るんです」

平山さんはスマホの画面をスワイプしながら、下書き未送信の画面を見せてくれた。五七五七七の途上とはいえ、「二度以上 殺されそうな」で次に何を詠もうとしているのか、私には理解できた。そして同時に、平山さんの胸裡には郷土も、社会も、時代も、すでにそれを実感するところにまできているのか、と驚いた。そんな私の表情を察したのか、これは「あけもどろの島」第四歌集に収めようと思っているものです、といって原稿を見せてくれた。

「懸命に 息を切らして 逃げて行く 軍事要塞化 進む沖縄」

「沖縄が 軍事要塞化 進んでいく いつか来た道 哀れこの星」

国是であったはずの「専守防衛」を大きく踏み外し、その隙間を強固にしようと沖縄を軍事的な要塞の島に固めてしまえといわんばかりのいまの日本の政治の姿を詠んだものだ。

そんな一方で抵抗もする。

「あけもどろ 東天を染めて 湧き出づる 一輪の花 世界を照らせ」

そういう時代だからこそ、〈あけもどろの心〉が必要だと詠むのだ。

郷土、社会、時代を詠む平山さんの思考はいまも健在だ。そんな短歌の中で異質な一首が目に止まった。

「有り難う 夢の続きの 夢を見る 無限に近い 我が妻の夢」

亡くなってしまった奥さんを想い続けるこの短歌に出会ったとき、一方で歌人、平山良明を支えてきたのは奥さんだったんだなあと、私は確信した。

平山さんの肩越しに薄く差し込んでいた光が黄色味を帯びているのに気づいてすっかり話し込んでしまったことを知った。玄関に立ち、再会できたお礼を述べようと振り向くと、来たときと同じようにテーブルの向こうから、笑顔の平山さんが右手を上げて何度も振ってくれていた。

## □「運動しかやらない」と父はいった

全県民的な広がりを持った復帰運動が復帰によって終了したあと、沖縄の反対運動の中心は生活や環境に大きな影響を及ぼす地域住民たちが担うものに引き継がれていった。そのひとつが、基地依存経済から脱却するとして県の認可の元で始まった石油基地誘致事業。本土資本や外資を導入して湾や海岸域を埋め立て、そこを一大工業地帯とする大規模な計画で、誘致先に指定された中城湾ではすでに復帰前からそのための海中道路建設などが始まっていた。建設現場に面した村々の道路には「石油基地絶対反対」「殺人工場を建てるな」「公害産業粉砕」などと書かれた立て看板が並ぶ。道路脇には闘争小屋が建てられ、地域のリーダーがマイクを握る。そのひとりが石油基地反対同盟代表の大城昌夫さん。六五歳だった。

「公害産業で、島の文化を崩壊させてはならない…」

闘争小屋に集まった農民たちを前に、言い聞かすかのように訴える。

復帰した年の六月、沖縄では初めてとなる住民運動。その先頭に立った大城さんも私は「本土化に抗する沖縄の群像」のひとりとして取材していた。

☆

沖縄本島与那城村の離島から中部東海岸一帯の変貌はすさまじい。すでに平安座島は三分の二がガルフの石油基地で占められ、中城湾に面する久場先海岸には東洋石油が、西原にはエッソがそれぞれ石油基地を築いた。今後平安座島から宮城島にかけての海の埋め立てによる基地建設など、石油会社の数だけで数社が沖縄に上陸することになっている。沖縄はアジアをにらんだ日米石油資本のキーストーンの観がある。

これら公害産業とレッテルをはられた石油基地群が見渡せるところに住む大城昌夫さんは三年前東洋石油が基地建設を始めたころ、中城、北中城両村の農民の先頭に立って、熾烈な反対闘争を戦った人だ。

その大城さんは沖縄で本格的な闘争をしようと思えば、それだけ沖縄はアジアという感を強くする、という。たとえば基地撤去闘争の根底にあったものは「アジア人同士を戦わせる」いわばニクソンドクトリンへの抵抗であったし、そのキーストーン（要石）でもある沖縄で強固な戦いの砦を構築することは、反米帝闘争と共に、インドシナ三国人民を始めとするアジアの民衆との連帯の表明にほかならない。また日米石油資本の進出はアジアの民衆に敵対するところの日米安保体制をより強固に補完したものであり、沖縄が再びその拠点となるということは、自衛隊配備の本質と全く同一のものだ、というのだ。

沖縄の歴史は、被侵略の歴史であり、復帰した今日も相変わらず日本の植民地といった様相を呈していて、これはまさにアジアではないかというのだ。このような状況と認識の上に立って、大城さんは持続する反米、反日闘争を訴える。

☆

写真は一瞬を切り撮る。その一瞬にその人の人生を見る。そういう心意気というか、努力を重ねることでいい写真というものが撮れる、と写真を始めたころ教わった。文字もそうかなと思う。ひとりの人物を描く場合、出会えた時間の中でこれがその人の人生だといえるような話を聞き出し、そして文字にする。しかし、それはなかなか至難の技でもあるから、少なくとも間違わない努力だけはしなければならない。その意味では、人生を描いた、とはとてもいえないまま不義理をしてしまった人が大城さんだった。

大城さんとは中城、北中城という地域の「闘う現場」で挨拶し、写真を撮らせてもらい、話を聞いてきたが、それは住民運動を引っ張るリーダーとしての姿だった。大城さんは当時の沖縄でも傑出した闘士だったと私は思っている。だからこそずっと気になっていたことが「一面しか見ていなかったなあ」という悔いだった。そのこともあって、大城さんのその後の消息を訪ねる中で出会えた人が長男の直樹さんだった。

「去年が二五回忌だったかなあ。一九八八年、九〇歳で亡くなったですね。晩年は入院生活でした」

沖縄中部にあるA&Wというハンバーガー店で、大好物だというルートビアを飲み干した直樹さんは、父親の最後まで面倒を見たという話をしてくれた。「それは大変でしたね…」と思わず出た私の言葉を跳ね返すかのように直樹さんは続けた。

「でも八〇歳までは活動やってたんですよ。自分でビラ作ってですね、自分で書いたものを印刷所に持って行って印刷してもらって。多いときで三〇〇〇枚は作りましたかね。それを街頭で自分でも配って回るんですよ。そんなことを八〇まではやってましたね」

そうか、やっぱり最後まで運動家だったんだ、と直樹さんの話に頷きながら、私は大城さんの口癖でもあった「沖縄で強固な戦いの砦を構築することは、アジアの民衆との連帯の表明にほかならない」という信念を思い出した。いったいこの信念の強さはどこからきたものなのか…。

故・大城昌夫さん（1972年6月 中城湾にて）

「僕がまだ物心つく前です。父はよく中国に行ってたみたいですね、アメリカ時代ですよ。船で見送った記憶があって僕は親戚のおばさんに抱かれながら泣いてたというんです。おばさんの、こんなに小さくても別れというのは分かるんだね、といったという話も残ってますね。何かの運動をしているというのは何となく分かりましたね、家には帰って来ないこともしょっちゅうでしたから」

「これはいまも記憶あるんですが、復帰前の僕が小学生のときに内地からいっぱい運動家が来て、うちに泊まったりしたんですね。小さい家だったのでもう大変ですよ。でもそのときには父はすごいんだなあって思ったり。しかも日本円とかももらって、非常に珍しかったんでね、ドルでしたから、そのころは。とにかく父には悪いイメージはなかったですね」

「亡くなってから父のことを少しずつ調べてはいたんですけど、運動に関しては人のためにやったと。しかし、どこか一匹狼的なところがあったんですよね。父が好きだったかどうかは分かりませんが、僕は少数精鋭という言葉が好きなんですよ」

「でも、根っからの運動家だった?」

「そうだったと思います。弟の記憶では、父はもう運動しかやらないから家庭のことは何もしないよってはっきりいわれた、というんですが、僕にいわせれば、全く家庭を顧みなかったというのはいい過ぎだと思いますね。やはり、僕たち兄弟には優しい親父だったんでね」

「優しい父親だった?」

「中城城趾ありますね、昔は遊園地みたいになっていて観覧車や飛行機の形をしたぐるぐる回るやつね、それに乗せてくれたり…。それに、自分も弟も幼稚園にも行ってないころじゃないですかね。野原で、父親の背中にふたりで馬乗りになってですね。僕が五三歳のときの子どもですから、結構、父も年齢はいってたと思うから無理はしてたかも知れんけど、本当に可愛がってもらったなあと思います」

「直樹さんからみたお父さん像は？」

「父親像といえるかどうか分からないですけど、明治生まれの頑固者だったなという感じですね。自分は昭和生まれですけど、昭和生まれの明治男みたいかなと思っているんですけど。それは父親の影響なんですかね、頑固なところはありますね」

「教わったことというと…、自分の意見は持つ、ということですかね、流されてもいいけど自分の意見だけは流されずに持てよということは、父から直接いわれたわけではないけど自分では感じていますね」

復帰した一九七二年六月、大城昌夫さんは私の取材の最後にこう語っていた。

「沖縄の歴史は、被侵略の歴史であり、復帰した今日も相変わらず日本の植民地といった様相を呈していて…」

それから五〇年余。昭和生まれの明治男と自称し、自分の意見は持てと教わったという直樹さんはいまの沖縄をどう見ているのか、そこは聞いておきたかった。

「うーん。沖縄は独自の道をいった方がいいのかなあっていう、極端にいえば独立ですよ。沖縄は日本にもアメリカにもとらわれない独立した国になった方がいいんじゃないかと…。やはり、父親の運動を見てきたからじゃないですかね。父は独立の話はしなかったかも知れませんけど。歌にもあるように〈唐の世から沖縄の世、沖縄世からアメリカ世、アメリカ世からヤマトの世〉とめまぐるしく変わってきた沖縄なんだけど、いつまでもアメリカや日本のいいなりになっているようなわけにはいかないだろうと、いまはもうそんな感じがするんですよ」

二杯目のルートビアを飲み干した直樹さんに写真を撮らせて欲しいとお願いして、A&Wを出た。夕日の中に立った直樹さんと雑談しながら、半分、逆光気味となる角度からシャッターを切っていると、少し考え込んだり、言葉を探しているときの表情が父の昌夫さんとそっくりなことに気づいた。そういえば、私があの闘争小屋の前で演説する姿に初めてカメラを向けたとき、昌夫さんは六五歳だった。いま目の前に立つ直樹さんは六三歳。似た年齢になってきたせいかも知れなかった。

## □「ちるだい」の背後にあるもの

「すごいですね、いまも運転するんですか?」

「数えでいえば九二だよ」

自宅に伺おうと携帯電話をかけたところ、久しぶりだから那覇に出るよ、と快い返事をいただいたものの、ご自分で運転してくるとは予想もしていなかった。ほとんど五〇年ぶりという再会だったのに、その喜びの挨拶よりも先に、濃い茶の帽子に黒いサングラスという昔なじみのスタイルで降りてきた姿に驚いた私に、新川明さんは飄々と答える。そうか、と私は、いまとなっては入手することも困難になったしまったが、当時、『沖縄タイムス』学芸部に所属しながら書いたという名著『反国家の兇区』を手に、その意図するところをインタビューしたのは、新川さんが四〇歳のときだったのかと、改めて見つめた。

すでに書いたが、復帰後、漂っていた「ちるだい」の要因のひとつには、新川さんが本の中でも指摘したように「復帰は〈国家としての日本〉の恣意のままに進められ」「日本の波を許容し迎えざるを得なかった沖縄の〈もろさ〉があった。この日本志向の沖縄ナショナリズムを超克しない限り、復帰とは同化思想に根ざした空しい自転でしかない」という身内から身内への厳しい指摘にうなだれるしかなかった〈自省〉もあったのだろう、と思った。そのことを頭の片隅におきながら、さらにその深層を知りたくて、復帰直後の六月、首里にあった自宅にお邪魔したのだった。

☆

「沖縄という微細な、それでいて日本列島国家の南端から〈日本〉に対して特異性を主張している島嶼の中に、自らの〈生〉を不可逆的につなぎ止めている私たちが、沖縄の存在と関わる何らかの言葉を発するということはとりもなおさず自らの〈生〉の意味を問うことであり、その〈生〉がどのような姿勢で歴史の酷薄に耐え、、あるいは参加しようとしているのかを、自らの〈生〉そのものに問い、突きつけていくことに他ならない。

さらにまた、その沖縄にいて、沖縄の存在について考え、何らかの言葉を発するということは、とりもなおさず〈国家としての日本〉との関わりにおいて沖縄の存在の意味を問うことであり、沖縄の存在が〈国家としての日本〉に対して所有するであろう衝迫の可能性を、沖縄の存在それ自体に突きつけていくことに他ならない」

新川明氏は沖縄における思想の自立について、その著書「反国家の兇区」の中でこう述べている。

復帰は、沖縄の民衆が追い求めたものとは裏腹に〈国家としての日本〉の恣意のままに進められ、そして成立したことは、例を上げるまでもなく自明である。そしていまも、あるいはこれからも、有形無形を問わず、〈国家としての日本〉の沖縄への絶対的な権利行使と、結果的にそれに間接的な支援を与える〈大和人(ヤマトゥンチュ)〉の精神志向、即ち「俗化されない沖縄へ」「人間性を取り戻そう」といった類いの、観光客による地方文化崩壊促進の大波は、とどまるところを知らずに沖縄を撃つであろうことも、予想できることである。

新川明氏は、激しく押し寄せる日本の波を許容し迎えざるを得なかった沖縄の「もろさ」が、明治の皇民化教育を始め、復帰に至る復帰運動、さらにこれを中心的に支えてきた沖縄教職員会の国民教育「日本国民としての教育」にあったと指摘し、日本志向のナショナリズムを思想的に超克しない限り、復帰とは同化志向に根ざした空しい自転でしかない、と批判する。

この批判の上に立って、一方では沖縄人が日本(人)に対して持ち続けてきた距離感と意識の切れ、即ち沖縄が歴史的、地理的に所有してきた異質性＝「異族」性を、沖縄土着の思想の核とすることによってのみ、今後の新しい沖縄闘争が構想できる。そして、繰り返していえば、「異族」性とは、政治的主張やスローガンに表徴されるものではなく、沖縄に根付いている共死、共生のいわば共同体意識＝文化に依拠したものである。(『アサヒグラフ』一九七二年七月七日号)

☆

沖縄戦の惨禍からいち早く復興を遂げたところから、「奇跡の一マイル」とも呼ばれてきた那覇市の国際通り。私が暮らしていたころは、リウボウというデパートがいちばん高く、そこから始まる国際通りの両側はほとんどが平屋かせいぜい二階建て店舗だった。それが一九九〇年前後から始まった再開発事業に伴い、いまの県庁前交差点界隈は複合商業施設に生まれ変わった。それがパレット久茂地だ。

ついでだが、アメリカ支配下だった当時、珈琲店といえば、私が知る限り那覇では二軒しかなく、私はもっぱらインスタントコーヒーに頼っていた。アメリカ支配に対するせめてもの抵抗に違いないと勝手に思って納得もしていたが、那覇で再会した新川さんに案内されて入ったパレット久茂地の洋菓子店には珈琲の香りが漂っていて、改めて時代の変遷を思った。

新川明さん（1972年6月 那覇市）

「おお、これは首里の書斎だね…」

長い空白の非礼を詫び、適度な甘みを含んだ珈琲を口にした後、改めて『アサヒグラフ』誌のコピーを広げたときに返ってきた弾んだひとことだった。

見開きページに大きく印刷された一枚の写真。座り机を前に、片膝を立て、煙草をくわえた新川さんを写したもので、眼光は鋭く、一点を見つめている。背にはぎっしり詰まった本棚、脇にはうず高く積まれた雑誌や原稿、それに郵便物。机上には『中国革命史』と『反国家の兇区』の二冊の本と、一本の万年筆…。

私は、今回の旅を続ける中で多くの人たちから耳にした言葉を新川さんに伝えた。

「新川さんはもう続編は書かないのか」「あの本自体、出るのが早過ぎた」、そして「いまこそ『反国家の兇区』が指摘する沖縄固有の思想に立ち返るときじゃないのか」…。

復帰とは何だったのか。日米政府が思い描いた通りの一県となってしまったいま、これからの沖縄の闘いはうちなーんちゅであることの「異族」性に依拠したものでなければならない。本の中で新川さんが指摘したことは、ひょっとすると五〇年も経ったいまのほうが、さらに重く、深く、沖縄の人々の心の中を占めてきているのではないか、私はそんな気すらしていた。

「もう執筆活動はしていないですね。二〇年前に大病をしてね。腎臓に腫瘍ができたということで二ヶ月間入院して、左側腎臓を全摘しました。その後は何ともなく過ごしてきているけど、最近、記憶力がぐんと落ちてるし、文章書くのもなかなかね。つまり思考力が弱ってるんでしょうね。ヤマトの新聞も読まなくなったし雑誌もほとんど取ってないし、地元のふたつの新聞だけを読むぐらいですかね。そういう生活ですね」

ひとことひとことを理路整然と言葉にしていく新川さんの口調は相変わらず健在だった。だがその一方で身につまされるものがあった。というのも、私自身、最近の七年説に従っていえばがんからの生還というやつで、再発や転移の可能性は限りなく少なくなったと医師から診断されたものの、新川さんと同じ刻を経てくる中で、記憶力や思考力の衰えを痛感せざるを得なかったからだ。そして、何よりもいまもこの仕事が続けられているのは、こういう人生を夢見た二〇代のときに沖縄で暮らした経験が大きかったと打ち明けた。

ひとしきりそんな話題のあとに、そもそもこの『反国家の兇区』を著すことになった新川さんのきっかけはどこにあったのか、それをお聞きしたかった、と切り出したのだった。

## □独白

「うちの親父は沖縄の西原村。そこが祖先伝来の地というか、そこの出で、お袋はヤマトの人間でした。僕が生まれたのは一九三一年だけど、生まれながらにして半沖縄人。しかも親父は僕が三歳のときに死んじゃったから顔も分からないですね。だから母と兄と妹と僕という母子家庭でした。母はヤマトの人間ですから、うちではもうヤマトグチ、日本語ですよね、だから僕などは最初からうちなーぐち、沖縄語はしゃべれなかったんですね」

「僕が小学校に上がる前の年の一九三七年に、いまの八重山農林高校、当時八重山農学校というのができて、お袋は専門学校を出ていたから教員として就職するんですね。それでみんな石垣に移って暮らすことになったんですが、ヤマトの時代ですからね、当時は。学校では標準語励行、標準語をしゃべるんだぞと。だから学校でもヤマトグチ、家でもヤマトグチですから、うちなーぐちをしゃべることもない。小学生ですから、いやだとも考えないし、むしろ、お袋なんかはヤマトゥンチュということで、言葉も土地の人間たちよりははるかに綺麗だし、戦争が激しくなる前には何かというと和服で通勤することも多かったんですよね」

「ところが、敗戦になると、僕らは本島から来た寄留民ですから、畑もなければ親戚もいない。しかも、寄留民に対する排斥、運動とまではいかなくてもそういった動きが八重山でもあってですね。寄留民の中には商売で儲けて、裕福な人たちも多かったものですから、それに対する反発もあったんでしょうね。そんなこんなで、うちのお袋も失職して、再就職もできなかったので、仕方なく本島に引き上げてきました」

自分の体を流れるうちなーんちゅの血とヤマトゥンチュの血。戦争を前に方言や文化までもが廃止という同化政策が進む中で「生」を受けた新川さんにとって自らのアイデンティティの問題は、その後の人生形成の上でもさまざまな影響を与えたという。

「それは、本島からも顧みられないという八重山での生活だったから、余計に感じたものもありますが、何といってもお袋が日本人だということで、自分の血の中に日本の血が流れているというどうしようもないもの、宿命に対する嫌悪感でしょうね」

「息子からそういう話を聞いたら、お母さんは悲しみますよね?」

「そうでしょうけれどもね。一方ではなぜ親父はヤマトゥンチュを嫁にもらったのか、それが分からないだけではなくて、こんなことをいったら何ですが、ヤマトゥンチュの母親が女として生きている生き様の中で、やっぱり許しがたいような場面を見たりすることがあるわけですよね。それは女性としてやむを得ないだろうけれども、子どもから見ると承服できないという場面があるわけです」

それが何だったのか、新川さんにとってはとても重要なことのように思えたが、そこまで立ち入るには憚れるものがあった。夫と死別した中で三人の子どもを育てなければならない苦悩、敗戦後の混乱の中で生活していかなければならない苦悩、あるいは女性としての生き方への苦悩、あるいはもっと沖縄女性と日本女性の考え方や生き方の違いに対する苦悩だったのかも知れないと、私は想像した。

「そういった育ち方をしているもんだからね。ヤマトゥンチュに対する見方と、言葉に対するコンプレックスというものは八重山時代の経験が作ったものというか、大きいですね」

戦争が終わり、アメリカ支配下となった沖縄で、新川さんがまず自らに課したもののひとつがうちなーぐちを自分のものにすることだった。それがうちなーんちゅであることの証でもあった。

「一九五五年に沖縄タイムスに入るんですが、二年目に組合を作ったことで鹿児島支局に飛ばされるわけですね。そのときにいまのかみさんと結婚して、うちなーんちゅですよ。彼女の親父などは戦争中にフィリピンかどこかで戦死しているんですね。だから彼女は、お母さんが戦後、沖縄博物館長とか文化財の審議会の委員とか、そういった仕事をした人と再婚したもんだから、その人の養女として育っているんですよね。彼女はもともと沖縄育ちだし、沖縄の言葉も達者で、なんか小学生のころにはドサ回りしていた沖縄芝居の劇団にも関係していたらしいし、中学生時代からは琉球舞踊を習ったりしていて、そこにたまたま僕は、彼女が中学生だったかな、首里で知り合って、仲良くなって、そして鹿児島支局に追いやられたときに結婚して連れて行ったわけです」

「かみさんとはこういったこともありました。鹿児島に二年いて、今度は大阪に移動になったんだけど、そこに同僚で、僕と同じような、つまり親父は八重山出身でお袋がヤマトゥンチュというやつがいて、そいつはヤマトの人間であることを強調して、絶えずオレは沖縄人じゃないみたいなことをいうわけね。いやな野郎だなあと僕はいつも反発していたもんだからね、かみさんに、オレはオキナワンチュであるけれどもうちなーぐちがしゃべれない、それじゃ困るから、毎日うちに帰ったらうちなーぐちで話しかけろと。そうして少しずつ僕も何とか受け答えできるようになれたんですよ。まだまだ敬語の使い方が分からないところはあるんだけどもね」

「結局、新川さんがヤマトゥンチュではなくうちなーんちゅを選んだというのは?」

「沖縄でハーフというのが生まれてくる根っこのところには反日本、アンチジャパンみたいな思いがあるわけですね。何かに書いたんだけど、その中でお袋のことにもちょっと触れて、自分の血の中にヤマトの血が流れていることについてはむしろ非常に屈辱的な思いを抱く、と。僕の中でこのことがずっと大きなコンプレックスみたいなものになっていたことは確かですね」

「そういう個人的な体験が、後に反復帰論者とされる根底にあったもの?」

「僕と同じハーフでも同僚のようにヤマトを選ぶやつもいたし、一方で、米軍支配から脱したいために日本に復帰しようと、復帰すれば日本人になれると思っていた人もたくさんいたわけね。しかし、よく考えてみると、その日本が沖縄に対してやってきたのは方言をしゃべるなと禁止したり、固有の文化を取り上げたり、天皇崇拝だといって皇民化教育を行ったりしたわけ。そういうことを無視して同一化だ、一体化だといって日本という国家にすり寄っていく、こういう精神を直さない限り沖縄の自立的な生き方はできないといってるわけですよ。それはもう理屈じゃなくて、沖縄という土地で生きている人たちが共有してきた価値観、死生観、そういった文化的なものから導き出された反復帰論ですよ。ともすると政治論と受け止められてきたけど、文化論からのものなんだね」

「それが『反国家の兇区』にも貫かれている?」

「要は、沖縄と日本との関係をどう考えるかでしょう。沖縄にとって国家とは何か、アメリカは占領者としていたけど、自分が生まれたときからいままでつなぎ止めているのは日本という国で、国家といえば日本しかないわけでね。ではその日本とは何かというと、明治の琉球処分（一八七九年の廃藩置県など一連の強制措置）に始まる歴史だけではなく、日本人の精神土壌の底には天皇制が横たわっているわけだから、そこにはわれわれ沖縄人には相容れないものがありますね。そうすると、その先にあるものは、言葉としては琉球独立ということになるかも知れんが、国家づくりが目的化してしまったらそれを固持していこうという力が働く。だから、目指すのは国家の枠を超えた共和社会、みんなが共存する社会ということだから、独立というよりも自立といった方がいいと思いますね。自分たちの運命は自分たちで決める、自立です」

## □「日本が見える」

取材を終え、自宅に戻った私は、購入したまましばらく沖縄関連本の間に眠ったままになっていた一冊の本を久しぶりに開いた。

表紙いっぱいに「詩画集 日本が見える」（築地書館一九八三年）という文字。

軍用機の下で畑を耕す農民、反米デモの労働者たちに混じって焼き物や機織りに勤しむ職人や果物かごを頭上に載せた女性、サンシン（三線）に合わせて琉舞を舞う女性、そしてエイサーに興じる若人たちなど、米占領下の沖縄の現実と人々の生活を題材に儀間比呂志さんという版画家の画と新川さんの詩で構成された七〇ページほどの大型本だった。開いて見たのは、そこに収められている本の表紙と同じ「日本が見える」と題された新川さんの詩をもう一度読んでみたかったのだ。

日本が見える
日本が見える
ここは沖縄の北の涯
那覇から三十里
辺戸岬の岩の上から
小手をかざすと
ぼくらの「祖国」
貧しいぼくらの「祖国」
日本が
そこに
貧しさと
無頼の
かたまりになって
波に浮かぶ。
　（略）
日本よ
〈祖国〉よ
そこまできている日本は

ぼくらの叫びに
無頼の顔をそむけ
沖縄の海
日本の海
それを区切る
北緯二十七度線は
波に溶け
ジャックナイフのように
ぼくらの心を
切りつける

この詩が書かれたのは一九六〇年。沖縄タイムスに入社したものの組合を作ったために本社を追い出されて三年目。鹿児島から大阪への転属となった新川さんが、奥さんからうちなーぐちの猛特訓を始めていたころのものだった。そしてその本社がある沖縄では、この年に復帰協（沖縄県祖国復帰協議会）が結成され、米軍圧制下から脱却し祖国に戻ろう！と復帰運動への熱気が高まり始めていた。そんな時期のことを想像しながらこの詩を読んでいくと、新川さんが「反復帰、反国家」の思想を決定的にするターニングポイントになったのではないかとさえ思った。つまり、自らの体にヤマトゥンチュの血が流れていることに屈辱的な思いを抱いていた新川さんだが、復帰への思いが急速に膨らむ郷土に思いを馳せれば、ヤマトはいちどは〈祖国〉としてきた国だからこそ、米軍支配下で呻吟する沖縄の叫びに振り向いてくれると思ったが、その日本は顔をそむけるばかりだ。それが〈祖国〉の姿だ。そんな貧しい無頼のかたまりとなってしまった「日本が見える」と。

# 第九章　三万枚の写真と「私の沖縄」

三六枚撮りがおよそ八三〇本。短期滞在を含めて沖縄に暮らした一四〇〇余日の間に撮ったフィルムの本数だ。枚数に換算すれば三万枚。一九六八年一〇月から日本に復帰した年の暮れまでの四年あまり、この三万枚は「私の沖縄」でもある。

いうまでもないことかも知れないが、写真は「記録」でもあるが、「記憶」にもつながる。改めてあのときの四年余の「記録」を目の前に置いてみたとき、すでに歴史の彼方に消え去ったものもあるが、多くは、デジャブのようにいまもそのまま続いている。

## □渡航証明書

消え去ったもののうち最も大きなもの、それが「分断」の象徴でもあった「証明書」だ。私は、以下のような「身分証明書」の発給を受けなければ渡航ができなかった。

『本証明書添付の写真及び説明事項に該当する日本人 吉岡攻 は沖縄へ渡航するものであることを証明する。この証明書は発行の日から四年間有効である　内閣総理大臣』

この身分証明書にはここに記された「沖縄へ渡航」のほかに、「政府の命により沖縄へ渡航」や、実際、私自身沖縄で暮らそうと再度申請したときには職業、滞在期間など書かされた上に「現地照会」に該当するといわれ、手にした証明書には「文化活動者として沖縄へ渡航」と書かれていた。因みに「現地照会」とは、有り体にいえば、渡航歴のあった人物に反米的な言動があったかどうかを現地の機関がチェックするという意味だ。

カメラマンとして私がその沖縄・那覇空港に初めて降り立ったのは一九六八年一〇月。ノースウェスト航空は定刻通りに着陸。沖縄の空は晴れ渡っていた。

それから三時間後、事件は起きた。

## □危機一髪「フィルム没収」

「フィルムを没収する、と必ずいわれる。そのときは大人しく従った方がいい。抵抗すれば逮捕されるだけだから…」

基地ゲートを固めていた沖縄人警備員が私の脇に来て、小声でささやく。

まさかそんなことになるとは思いもせず、那覇空港に降り立った私は、何はともあれ嘉手納基地を見ておきたいとタクシーに乗った。

一九六八年といえば、ヴェトナム反戦運動が盛んのときで、東京でも「べ平連」が街や駅でデモや「反戦フォーク集会」を開くなど、市民レベルでの運動も激化していたし、新聞には「ヴェトナムに出撃するB52」などの見出しと共に嘉手納基地の名前が頻繁に登場していた。沖縄は、タイやフィリピンと並び、ヴェトナム戦争最大の出撃基地だったのだ。

何はともあれ嘉手納基地という思いは、そんな意識が大部分を占めていたせいだった。あれこれ雑談の中で、「嘉手納基地を眺めるにはどこがいちばんいいか?」と聞くと「そりゃ一六番ゲート前だよ」というのが運転手さんの答えだったのだ。

ところが、そのとき、何ということか、まさにそのB52が、「黒い怪鳥」とは後に知った呼び名だが、重たく地鳴りのような音を響かせながら飛び立とうと私の方に向かってきたのだ。重そうな図体から吐き出る轟音のすさまじさに度肝を抜かれながら、タクシーを降りた私はすぐにカメラを「黒い怪鳥」に向けた。初めての沖縄で、初めて撮ったB52だった(P230-231)。

黒い胴体を震わせながら頭の上を遠ざかっていくB52を見送った私は一六番ゲートの反対側に目を向けた。小高い丘をくり抜いた施設があった。知花弾薬庫に違いないとシャッターを切った。そのとき、アメリカ映画で見慣れたMPカーがやってくるのが見えたのだった。

憲兵が何か喋った。ゲート警備に立っていた沖縄人ガードが「フィルムを没収する」とすかさず通訳する。実は、沖縄は米軍支配下だということが一瞬、頭をよぎってはいたのだが、B52の轟音に圧倒され、その緊張が解けないまま弾薬庫にまでカメラを振っていた。そして、冒頭の沖縄人警備員の言葉がささやかれたのだ。

「フィルムを没収する、と必ずいわれる。そのときは大人しく従った方がいい。抵抗すれば逮捕されるだけだから…」

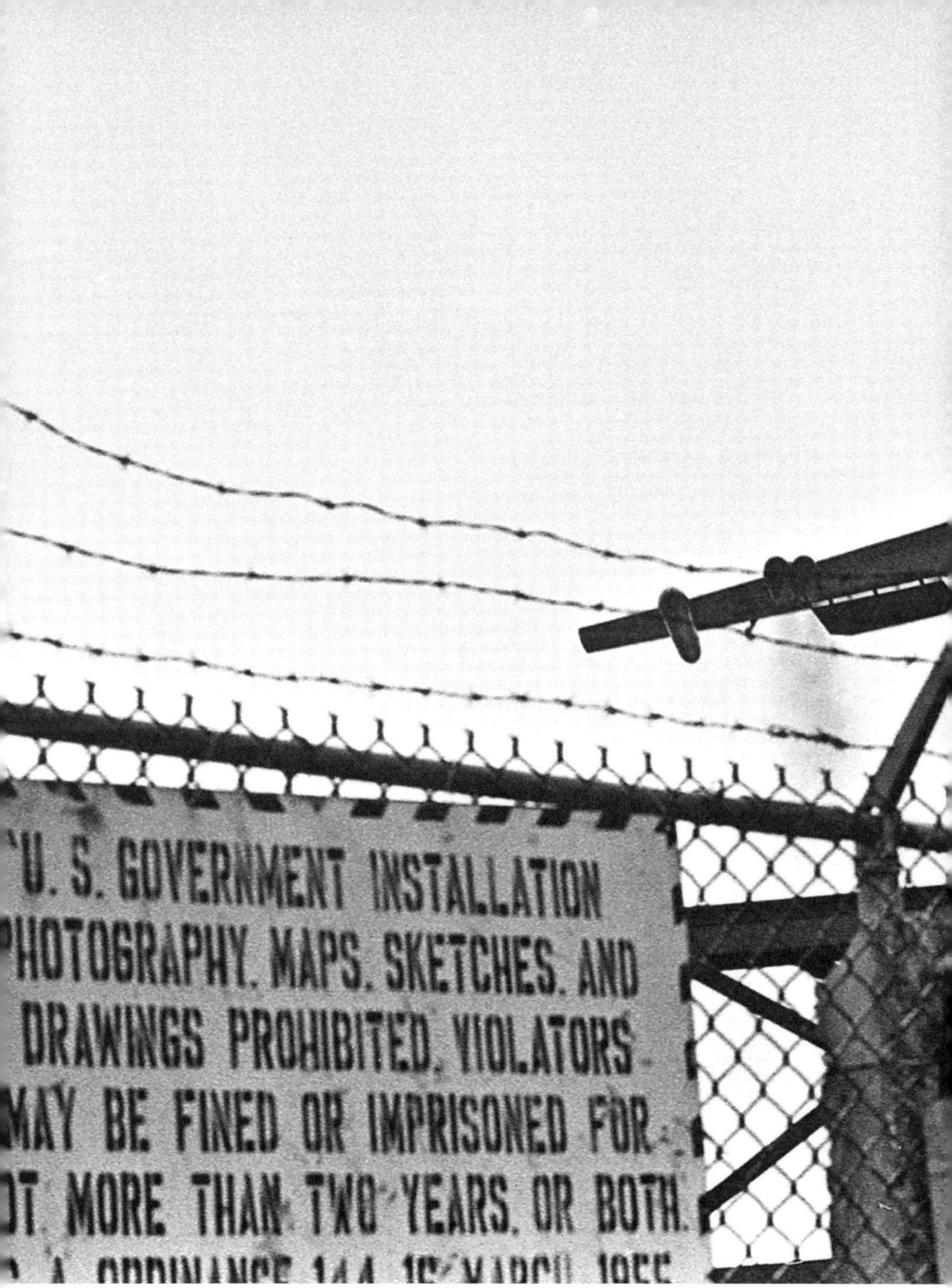


初めての沖縄で撮ったＢ５２戦略爆撃機（1968 年 10 月）

「表現の自由が…」などと抗議してみようかと思ったが、ここは米軍支配下だと思って止めた。それどころか、着いたばかりなのにいきなり憲兵隊に連行されてはそもそもの目的さえ叶わない。この窮地から脱する方法はきっとあるに違いない。そう思っていたら琉球警察のパトカーがやってきて「民間人が関わっている事件だから嘉手納署で処理する」という。この言葉を聞いたとき、フィルムを没収されずに済む方法が思い当たったのだ。パトカーの後部に座らされた私は嘉手納署に向かう数分の間に撮影済みのフィルムを巻き取り、新品のフィルムに取り替えた。

嘉手納署では署員が「フィルムは渡した方がいい。いつまでも抵抗していたらあなたをMPに引き渡さなければならなくなる」と親切めいた恫喝を加えてくる。私はカメラを取り出し、裏蓋を開け、フィルムを取り出す。そしてその一端をつまんで三六枚撮りフィルムすべてを一気に感光させた。

窮地は脱したものの、この「事件」は沖縄で私自身が文字通り「米軍支配」を実感する瞬間でもあった。

## □初の選挙に燃える沖縄

沖縄到着早々、危機一髪で脱したとはいえ、フィルム没収か、という米軍権力の横暴さをいきなり味わった私だったが、そもそもの目的は別のところにあった。それまで米国民政府や高等弁務官の任命で、日本の総理大臣に当たる琉球政府行政主席が選ばれてきていたが、この年、初めて住民による直接選挙が行われることになったのだ。この選挙に密着すれば、きっと沖縄の「民意」を肌で実感できるに違いない…。私は、密かにそう期待しながら、離島も含めて沖縄中を駆け回った。

候補者はふたり。ひとりは日米両政府の支援を受けた保守系の西銘順治。彼は「復帰をすればイモを喰いハダシで歩く生活に戻る」と訴えている。ひとりは、復帰運動を主導してきた沖縄教職員会会長で、「即時無条件全面返還」を掲げた革新系の屋良朝苗。文字通り保革一騎打ちの構図だった。民意は明らかに屋良候補に傾いていた。私はそれを津々浦々で感じていた。そして、三〇〇〇人という石垣島始まって以来の大参加者となった集会で、全員が合唱する「沖縄を返せ」という歌を初めて耳にし、その歌詞を理解したときには、鳥肌が立ったことをいまでも覚えている（P234－235）。

固き土を破りて
民族の怒りに燃ゆる島　沖縄よ
われらとわれらの祖先が血と汗をもて
守り育てた　沖縄よ
われらは叫ぶ　沖縄よ
われらのものだ　沖縄は
沖縄を返せ　沖縄を返せ

三週間の選挙戦はお決まりの「アカ攻撃」だけではなく、買収、怪文書に加えて暴行や傷害事件も起きるなど、まれに見る大混乱だと、連日、地元紙は伝えたりしたが、結果は屋良朝苗が西銘順治に三万票もの大差をつけて勝利した。

私は初めて復帰を望む「民意」の強さを実感したのだった。

選挙の翌日、私は初代公選主席となった屋良さんの自宅を訪ねた。そこで、趣味が蘭の栽培だという夫妻にカメラを向けた。屋良さんはそのとき、私の質問にこう答えている。

「革新主席だからといって、本土政府が何もしないというのでは、人間性の尊厳に反し、ヒューマニズムにも反する」

この苦言ともいうべき至言は、ついでながらいえば、それから半世紀以上も経ったいまも辺野古埋め立てを「日米同盟の抑止力と普天間基地の危険除去のふたつを考えたときに唯一の解決策だ」と強弁し、革新県政に変わるたびに沖縄振興予算を減らすといった卑劣なやり方となって続いている。

カメラマンとして選挙取材を終えた私は、朝日新聞那覇支局の井川一久支局長と泡盛を酌み交わした。沖縄新参者だった私にとっては、取材で出会う人々や直面したできごとのすべてが衝撃、驚き、疑問の連続だった。が、井川さんは諭すかのように対応してくれた。

例えば、「即時無条件全面返還」の背後には、米兵による事件・事故の増加だけではなく戦闘機や爆撃機の墜落、騒音公害、人種差別、売春、米兵との間に生まれた子どもの問題などが横たわっていること。例えば、「即時無条件全面返還」が実現すれば、沖縄は即座に「イモ・ハダシの生活に戻ってしまう」という保守側のいい分

初の主席公選選挙。全員が「沖縄を返せ」を合唱した（1968年10月 石垣島）

が、世論の拡がりを見せなかったのは、「戦前から沖縄はイモで生命を支えられてきた。イモを喰うのは恥だというういい方は恩知らずないい分だ。そもそもそんな生活に追いやったのは、明治以降の日本の沖縄政策だった」という具合で、私にとっても、米軍支配が生み出したさまざまな実態や、自らの意思によらずに歩まされてきた歴史を知らずには、沖縄の複雑さを理解できないことを痛感した場ともなった。

そして、そんな厳しい現実を見せつけられたのは、それから一週間後に起きた「すわっ、戦争か！」と住民たちを恐怖のどん底に陥れたB52戦略爆撃機の墜落・爆発と、米軍の対応だった。（『第二章 驚愕の「B52墜落・爆発事故」』）

## □基地の中に「沖縄」

沖縄に暮らす人たちの「基地感情」とはどういうものなのか。朝鮮戦争を経てヴェトナム戦争にのめり込んでいたアメリカにとって、沖縄基地は「太平洋の要石」と呼んでいたくらい重要な基地だった。そういうこともあって、基地そのものの「姿」をカメラに収めておきたいと思った。

外からではどうしても金網越しとなるのだが、いまと違って、復帰前は常に緊張を強いられた。つまり、「その瞬間」を撮るにはMPに見つからず、さらに長時間、身を隠す場所に潜み続けねばならなかったからだ。

嘉手納基地のSR71（1969年6月）

SR71。

一九六〇年、ソ連のミサイルで撃墜されたU2偵察機事件のあと、ミサイル迎撃を回避するために、さらに高高度で超音速飛行が可能な偵察機として開発された。初めて嘉手納基地でその姿を見たときには、全身真っ黒というだけではなく、形にも驚いた。いかにもその任務を表したような異形ともいえる機体だったからだ。嘉手納基地に配備され、主にヴェトナム、朝鮮半島上空での写真偵察といったミッションを帯びていたが、偵察飛行は復帰後の一九九〇年まで続いていた。

メースB。

有翼地対中距離核弾道ミサイルと何やら難しい名称だが、当時、沖縄では「メースB」と呼ばれていたが、その実態は「秘密」とされていたこともあって、ことさら、「写欲」をそそられるものがあった。格納されているというサイト（基地）の近くを通るたびに覗き見たが、「姿」は見えず、ようやく撮れたのがこの一枚だった。

沖縄に配備されたのは一九六一年。嘉手納空軍の管理下に置かれ、写真の勝連半島を始め読谷、恩納、金武にもあった。「核搭載」は極秘とされ、ロバート・マクナマラ国防長官も「核兵器配備は日本で激しい反発を生む」と徹底した秘匿の状態で配備することを命じていたという曰くつきのミサイルだった。射程距離は二二〇〇キロとされ、この範囲にはピョンヤンや北京が含まれていた。

勝連にあったメースBの格納庫（1969年6月）

## □太平洋の要石、沖縄

B52、SR71、ホークミサイルやメースB、それに戦車や銃撃音など「基地の島」沖縄の日常風景ということもあったのか、あらためて米軍の許可を取って基地内部の撮影や取材をするということは、沖縄の既存メディアでは少なかった。しかし、私はあえて軍の許可を得て陸軍や海兵隊の演習や訓練を撮る機会を持った。

ドローンや無人機攻撃などＡＩ時代といわれるいま、米軍の演習や訓練もアナログ的なものではなくなってしまったかも知れない。そして、攻撃的な武器がどんどん進化したように米軍の軍事戦略も、ヴェトナム戦争当時の「極東」から「テロとの戦争」でも明白だったように中東にまで拡がった。

このことを思うにつけ思い出すことがある。一九六九年という年は日米間で「沖縄返還」をめぐる議論が活発化していた。アメリカ側はこういい放った。「冷戦が続く中では(沖縄の返還があろうとも)基地のあり方は別問題だ。つまり、沖縄基地の役割は変えない」。

一方、復帰を求める沖縄は「本土並み」を強く主張していた。

それはそうだろう。面積でいえば本島の二七・二％（本土では〇・一％）が基地であり、その機能でいえば「全島要塞化」のもと、高度複合基地化が図られ、その基地間を軍用道路が結ぶ。それだけではない。沖縄基地は極東の戦略中枢と位置づけられ、訓練を始め、兵站、宣伝、諜報、謀略機能から核・化学部隊に至るまで全軍の全兵種が常に攻撃発進可能な態勢にあったのだ。「返還」をめぐるアメリカの「本土並み」とは、日米安保条約とその体制が適用されるという意味での「本土並み」であり、沖縄のそれは、面積も機能もすべて「本土並み」というものだった。解釈を巡るボタンの掛け違いはいまに続いている。

## □消えた墓石

『日兵逆殺』

墓石の裏に刻まれた四つの大文字。日本兵に虐殺された、というのだ。日付は一九四五年五月二二日。この日は、沖縄戦史によれば、第三二軍（沖縄守備軍）が首里の司令部壕を棄て南部撤退を決定した、とある。降伏を拒否した日本軍が、逃げ惑う住民を道連れに、最後の決戦場として南部、糸満

墓石と調査中の大江健三郎さん（1969 年2月 南風原村）

の地を選んだ日だ。

『日兵逆殺』は、その日のどこかで起きたことなのだろう。

墓石の表には「弓太郎」「タガ子」というふたりの名前が並んでいる。検索してもなかなかヒットせず、どういう人物だったのかをネット上で調べていくのは、いまも厳しい。

私がこのふたりの存在と『日兵逆殺』の墓石を知ったのは、月刊雑誌の取材で、二〇二三年三月に死去された作家の大江健三郎さんとご一緒したときだった。弓太郎とは新垣弓太郎のことで、タガ子はその妻。「逆殺」されたのは妻、タガ子だと知った。墓碑の四文字の由来を理解したとき、心臓が高鳴ったことを覚えている。それは、沖縄戦の真実のひとつがこの四文字のひとつひとつに込められているとリアルに想像できたからだった。

ついでながら新垣弓太郎に触れておくと、南風原村に生まれた新垣は自由民権運動の闘士だった。だが、活躍舞台の中心が東京や上海だったせいで、沖縄ではあまり知られてこなかった。東京では、亡命中だった孫文を助け、その縁で中国に渡って辛亥革命に参加、二三〇年続いた清国滅亡に大いなる勲功を上げた。それから一〇年後、沖縄に戻った新垣の持論は、九一歳で死去するまで「沖縄独立」だった、という。

タガ子については、南風原町の戦争証言の記録集にこう書かれている。

『日本兵が、壕追い出しに抵抗した新垣弓太郎の妻を斬殺』

いま、『日兵逆殺』の墓石を見ることはできない。新垣の甥に当たる人物によって、墓石は全部打ち壊されてしまった、というのだ。

「(おじの沖縄独立論は)沖縄と日本がひとつとなってやっていかなければならないときに、妨げになる」

これがその理由とされた。

戦争は人間を人間でなくさせる。それを考えさせてくれる証拠をもはや見ることができないというのは、残念というしかない。

## □野ざらしの骸

一九七〇年六月。

その骸は何も語らず、ガマと呼ばれる洞窟の奥に眠っていた。目が暗闇に慣れるに従って、頭蓋、胸骨、手や足の指骨、大腿骨とその姿が徐々に現れ、そしてその周辺からは飯ごうや錆びきっていまにも崩れてしまいそうな銃が掘り返されてきたことで、骸が兵隊だったことがようやく分かる。だが、同じガマでも、骨しか実を結ばないこともあった。時間と共に、衣服など身につけていたものは長い間の風雨にさらされ、すべて土と化してしまったからだ。そのつましい姿に、きっとこの骸は兵隊と共に逃げ延びた住民だったに違いない、などと推測する。

沖縄南部、糸満の上里や福地の山中で、私が目にしたものはこのような遺骨だった。別のガマでは野ざらしの骸もあった。「聖戦」などという美辞麗句の下で命を失った者たちだけでない。この美辞麗句の下で、兵隊たちはエゴイズムにかられ、住民の命までをも奪うという「狂気」をも宿していた。沖縄戦の「実

人骨だけではなく戦時中の備品まで野ざらしのままだった（1970 年6月 糸満の山中）

相」をそのまま物語っているようで、レンズの先の光景を映す出すファインダーも曇りがちだった。

すでに数多く語られているように、第三二軍司令官が遺した「最後まで敢闘し悠久の大義に生くべし」との命令に従った旧日本兵には、もはやアメリカ軍に対峙する力も余裕もなく、その先に待っていたものは、道ずれとされた住民を巻き込んだ「玉砕」への道だった。

山中に半ば放り出されたように眠る遺骨を見ながら、遺族だったらどう思うかと自問して見る。手で包み、腕で抱え、懐かしい故郷の地に、骨として「生きて」持ち帰るだろうな…と、想像した。

沖縄戦では二〇万余の人々の命が無残にも棄てられた。その命の半分は住民たちだった。県のまとめによれば犠牲者は一般住民九万四〇〇〇、日本軍人・軍属九万四一三六。そのうち沖縄出身者二万八二二八だった。さらに県によれば、なおいまも三〇〇〇の旧日本軍、住民らの遺骨が地中にあるという。一方、アメリカ国務省のDPAA（米国国防総省捕虜・行方不明者調査局）は、沖縄戦で犠牲となった米兵のうち二二八の遺骨がいまも回収されていない、としている。

沖縄戦は一九四五年六月二三日、組織的な戦闘が終結した。県は毎年この日を「慰霊の日」としている。

## □「R&R」

「ヘイ、オレを撮ってくれ！」

艦上の黒人兵が握りこぶしを作る。よく見ると、負傷したのか松葉杖で体を支えている。その脇では弱々しくVサインをする白人兵もいる。つい何日か前までは、ヴェトナムの戦場で怯える日々を送っていたに違いない若者たちだ。第三海兵師団のヴェトナム撤退に伴い、本拠地、沖縄米海軍の港湾施設ホワイトビーチに帰ってきた。ますます戦争の旗色が悪くなる中での撤退とあって、帰還を祝おうと軍楽隊が出迎えたが、一向に冴えない式典だった。

通常、ヴェトナム出兵の米兵たちにとって、戦争の合間の「R&R」の場所のひとつが沖縄。レスト、休養というのは文字通りの意味で、負傷兵にとってのそれは軍病院での「休養とリハビリテーション」となり、それ以外の兵士にとってはリクリエーション、コザや金武、辺野古といった歓楽街が待っていた。ヴェトナム戦争中のそこは戦争を自省する場にもなったが、大多数の兵士たちにとっては戦争中には切れることがなかった緊張の糸を緩めたり、ほぐしたり、ときには文字通り切れて自滅への道に突入する場所になった。

「写真を撮らせてやるから、お前もやれ！」

交換条件にマリファナを差し出されたことも正直あった。が、ともかくその姿を撮らせてもらってから、と制して、シャッターを

ヴェトナムから撤退した第三海兵師団歓迎式とマリファナを吸う米兵（1969年7月）

切った。そして、一度シャッターを切ると、私への課題など忘れてしまったかのように、兵隊たちは自分の世界に深々と浸っていった。

その一方で、真っ当にヴェトナム反戦を口にする兵士たちもいたのだ。

「私たちはものいわぬ少数派だ」

『THE SILENT MINORITY（ものいわぬ少数派）』と大書されたポスターの前で、ギターを抱えた歌手のバーバラ・デインが語りかける。会場を埋めた米兵たちが「Yes、we are」と一斉に呼応する。

プロテストソングの草分け、ピート・シーガーらと活動を共にしてきたフォーク歌手、バーバラ・デインの音楽集会とあって、コザ市の教育会館大広間は、戦場から撤退してきた米兵や一時休暇でやってきた兵士たちで溢れていた。

実は、バーバラが使ったこの「ものいわぬ少数派」という言葉には「出典」があった。泥沼化するヴェトナム戦争を前に、大統領のニクソンはこうTV演説で述べていたのだ。

「ヤツらがどんなに大声を張り上げてデモを激化させようが、所詮それは少数派。そんな少数派が理性に満ちた大多数派に勝つなどということがあれば、この国には、自由社会としての未来はない！」

高まるヴェトナム反戦の声にいらついたのか、ニクソンは大多数の国民は戦争を支持している、と訴え、さらにこんな風に続けたのだった。

「アメリカを敗北に導くのは北ヴェトナムではない。反戦を叫ぶアメリカ人だ！」

ニクソンのこの言葉に挑むかのように、バーバラは多くの米兵たちに語りかけた。

「私たちが求めるのは東南アジアからの米軍撤退であり、戦争マシーンとなることを拒否し、ヴェトナム反戦に拳を上げるGIたちを支持することだ。私たちはものいわぬ少数派だ！」

　私自身、バーバラ・デインという歌手を知ったのはこの夜が初めてだった。デトロイトで生まれ、子どものときから人種差別に疑問を投げかけ、それを歌で訴えようとこの世界に入ったのだということも、そのときに知った。ともあれ、バーバラはトークを交えながら二時間、ジャズを歌い、ブルースを歌い、そしてプロテスト・フォークを歌った。

　米兵たちは魂に訴えかけるようなバーバラの声や声量の巧みさに気持ちが揺さぶられるのか、口ずさんだり、拍手したり、両腕を上げて応える。それはあたかも戦争さなかの一瞬の「至福」であるだけではなく、自国の価値観を武力で押しつけることの誤謬を兵士たち自身が強烈に思い知らされる瞬

「反戦」歌手、バーバラ・デイン音楽集会に集まった米兵たち
（1971年11月 コザ市）

間でもあるかのように、私には見えた。

沖縄での反戦・反軍の動きは、アメリカを始め南北ヴェトナム、南ヴェトナム臨時革命政府の四者間で結んだパリ協定が現実のものとして世界に認知されるころまで、つまり、沖縄の復帰が実現する一九七二年ごろまで続いたのだった。

## □「基地街（きちがい）」

黒板の前に立った先生が大きな文字で、「沖縄の基地」と書く。続いて、大きな声で生徒に語りかける。

「そこは君たちが住んでいる街だよね」

黒板には「私たちの街」という言葉が「沖縄の基地」の横に並ぶ。一拍おいた先生は、今度は「基地」と「街」をチョークで囲んでいう。

「だから、君たちが住んでいる街を基地街（きちがい）というんだよね」

生徒たちは思わず大声で笑ってしまう。

日米間で「核抜き本土並み、一九七二年返還」が決まった翌年の一九七〇年四月二八日。私はコザ市のある中学校での「特設授業」を取材した。担任の幸喜良秀先生は沖縄返還が決まったいきさつなどを生徒たちにわかりやすく語ったあと、「沖縄の基地」とまず黒板に書き始めたのだ。順々に書かれていく黒板の文字を追っていくと、先生が生徒たちに伝えたい内容が手に取るように伝わってくる。

沖縄では毎年四月二八日になると、このような「特設授業」が行われてきた。この四月二八日という日は、沖縄が『サンフランシスコ条約』によって日本から切り離され、米軍支配下に委ねられた日

米軍支配下となった4月28日、どの公立学校でも「特設授業」が行われた(1970年 越来中学校)

だ。沖縄ではこの日を「屈辱の日」と呼んできた。

しかし、この時期、沖縄の先生たちは戸惑い始めていた。授業にも、その「悩み」が反映している、と私には思えた。

「…もし返還となっても基地がそのまま残ったらどうなるのか？ 日本には憲法九条もあるが、自衛隊もある。そんな中に復帰したら、沖縄は本当に平和になるのだろうか？ そうでなくても、一年半前には嘉手納基地にB52が墜落・爆発する事故もあった。知花弾薬庫には核兵器や毒ガスまであるといわれている。しかも米兵が起こす事件や事故は日常茶飯事だ…」

ひとしきり、幸喜先生はそんな話を終えると、改めて生徒たちを見渡した。

「復帰したらよくなる、復帰したら沖縄はもっとよくなると、そう聞かされてきましたね。本当にそうだろうか？ 今日の宿題は、沖縄は復帰するとよくなると思うかです」

その日の夜、私は幸喜先生と泡盛を酌み交わした。二年先の復帰が具体的に見えてきたいま、復帰のあり方やその運動の仕方について、先生の頭の中は「過去」と「現在」と「未来」が入り交じっているかのようだった。

「だってそうでしょう、いまのいままでは復帰、復帰といっておればよかった。しかし、復帰への道筋が現実的になってきたいま、改めて本土を見れば、基地はあり、日米安保があり、教科書検定問題が浮上し、教育に対する文部省の締めつけがある。これでは、異民族支配が同民族支配に変わるだけじゃないですか…」

復帰への目安が示されたことは逆に、沖縄基地の現状や帰るべき祖国の実情や実態が変わるのか変わらないのか。何よりも、沖縄はどのような復帰を勝ち取っていくべきか、そこがいま問われ始めている、というのだった。

「核抜き本土並み、七二年返還」という「本土並み」とはどういうものなのか？

幸喜先生には復帰の日が一日一日と近づいてくるに従って、疑心暗記が頭をもたげていた。

## □コザ暴動

コザ暴動の「特異」さは、それが米軍基地建設と共に栄えてきた街で起きたことだった。アメリカ本国はともかく、出先となった基地の街はどこも戦争の盛衰に左右されるものだが、コザとて同じで、私の住むころはまだヴェトナム戦争特需の中にあった。

米兵の入場が許可されたAサインバー始めレストラン、土産店、アダルトショップ、ポーンショッ

暴動の朝、路上に放置された米車両の残骸が怒りの深さを表していた（1970年12月）

プ（質店）パッチ専門店、洋品店、クリーニング店、そしてホテル街などはどこも大盛況だったが、それはむしろ悪化する戦雲のせいだったかも知れない。ゲート通り、センター通り、そして黒人兵専用の照屋街など、コザの歓楽街は殺伐としていて、いつも何かのトラブルが起きていた。

私が那覇からコザに向かうのは、そんな街に出没する厭戦、反戦気分に陥った兵士たちの姿にレンズを向けては話を聞くことだった。だから、接客をもっぱらにするボーイやホステス、あるいは生演奏のミュージシャンたち、経営者もそうだったかも知れないが、彼らがどういう思いでどういう生活をしていたのかなどには目が向かなかった。否、そもそもこのような街で、自らの生活を奪ってしまうような暴動など起きるはずがないと信じ切っていたというのが正直なところだった。

しかし、起きたのだ。（『第六章　沖縄が燃えた夜』）

暴動は深夜から明け方まで6時間続いた。
焼かれた米車両は全部で 82 台（深夜3時半ごろ撮影）

## □毒ガス移送

コザ暴動は、我慢の限界を「非武の邦」に住まう人々といわれてきたうちなーんちゅが、素手で、石つぶてで、極めて直接的な形で表した瞬間でもあった。だが、首相の佐藤栄作は「返還まであと一歩なのに、アメリカに悪い印象を与えては困る」と非難し、高等弁務官ジェームス・ランパートは「暴動は毒ガス移送を遅らせる」と威圧した。

コザ暴動は、毒ガス移送に抗議する住民大会が開かれた日の夜中に勃発したのだった。

そもそも、知花弾薬庫に隠されていた致死性神経ガスが米兵二四人の体を蝕み入院、という記事が米紙に載ったのは二年前。毒ガスという目に見えない恐怖を伝えたこのスクープ記事は、知花弾薬庫の近くの美里村（当時）だけではなく、命の危機に関わる大問題だとして沖縄では捉えられていた。その意味では日米だけではなく琉球政府にとっても毒ガス撤去は焦眉の急だったのだ。

最初の毒ガス移送が始まったのは一九七一年一月一三日。作戦名は『レッド・ハット』。移送終了後に語った三者の感想が私の取材ノートに残っている。

「当初から安全だと確信していた。自主的に避難する必要はなかった（ランパート高等弁務官）」

「最悪事態が避けられてよかった（山中総務長官）」

「今回は安全であろうと想定していた（屋良主席）」

三者に共通していたことは現状に対する鈍感さである。現実に、スクープ記事から二年もの間、なんの説明もなされないまま、危険と隣り合わせに置かれてきた住民たちが蓄積してきた恐怖と不信は極限に達していたのだ。

その日、移送トラックの後尾には英語と日本語で〈毒性物〉〈爆発物〉と書かれた大きな板が取りつけられ（P254）、取材する報道関係者や移送に立ち会う専門官には防毒マスクの着用が義務づけられた。専門官は、一方で、移送は全く安全で問題がないと強調していながらである。こうしたちぐはぐな対応はさらに住民たちの命を縮めるもとだった。子どもを背負い、あるいは抱えた母親は自主避難をした先で、「これはまるで戦争のようだ」と口にし、老婆は「政府のいうことは信用できないさ」と吐き捨てる。

住民たちは正直だ。二四人の米兵を蝕んだのに何をもって安全というのか、という問いへの答がないままの移送作戦には信を置いていないのだ。だが、米軍はもとより日本政府も、そして琉球政府すらも命よりも鈍感さを選んだ。そこには、基地の存在そのものを揺るがすわけにはいかないという思惑に押し切られた姿があった。

取材ノートには移送の三日前に行われた琉球政府と美里村民の対話集会の一部も記録されている。ノートからは、基地の島、沖縄の「叫び」が聞こえてくる。

「(知念副主席)危険は少ないといっている。万一の場合でもパッと避難させるだけの時間的余裕はある」

「(住民)何がパッとだ。地区には老人や子どももいる。真っ先に逃げるのは政府の役人ではないのか」

「(副主席）ともかく住民避難は考えていない。自分の命は自分で守るべきだ」

「(住民）命を守るためには逃げるか、起ち上がるかだ。沖縄には逃げ道はない」

「叫び」とは、沖縄には逃げ道がない、ということだ。

無人となった路上を走る毒ガス移送の米軍トラック（1971年1月 美里村）

毒ガス移送作戦は七月に再開され、致死性神経ガスやカラシガス、サリンなど一万三〇〇〇トンの全量が太平洋の無人島ジョンストン島に送られた。こうして沖縄は毒ガスからは開放されたが、基地の島からは依然いまも逃れられないでいる。

## □初のゼネスト

復帰を一年後に控えた一九七一年五月一六日。沖縄初となったゼネラルストライキ。全軍労、自治労、それにマスコミ労協などの組合、教職員会、大学生や高校生、婦人会、農漁民、中小企業従業員のほか、反戦米兵らも同調集会を持つなど、七万余が参加した一方で、官公労のスト権不成立、同盟の不参加、そして、野戦服に日の丸ヘルメット、それに釘を打ち付けた角材を手にして「ゼネスト実力粉砕」を叫びながら阻止行動に出た日思会（日本民族思想普及会）、中青協（中部青年連絡協議会）といった右翼団体の登場など、復帰を一年後に控えた沖縄の混迷も浮き彫りとなった。

「私らは米軍に無理矢理土地を奪われ、生きていくために仕方なく基地で働いてきた。始めから裸だった。もう失うものなどない、怖いものはもう何もない、徹底的に闘う以外生きのびる道は沖縄にはない」この二年間に六回もの「首切り反対」のストを構えてきた基地労働者の言葉に、私は復帰後への限りない不安と、それ故の不退転の決意を感じざるを得なかった。

ゼネストの締めくくりに行われたデモは四万人に膨れ上がり、軍用道路一号線は完全に埋め尽くされた。あちこちで起きた右翼グループとの衝突、目的地となった米民政府前では敷地内にビンや石、火炎ビンなどが投げ込まれ、金網の内側からは米兵が放水や投石で対抗、機動隊が割って入る事態となった。

復帰を前にした大量解雇にゼネストで対峙する軍労働者と武装米兵（1971 年5月 米民政府前）

## □初めての死者

半年後は復帰という一九七一年一一月一〇日。返還協定に反対し交渉のやり直しを要求する再びのゼネストは、二六年間の米軍支配下で行われる大衆運動の総決算だった。

参加者の総意は、返還協定のやり直しだけではなく軍事基地撤去、安保廃棄、インドシナ侵略戦争反対、自治権の確立、自衛隊沖縄配備反対、生活確保のための一ドル三六〇円での即時交換など、ひとことでいえば、それは「反戦平和」。沖縄戦や不当な米軍支配から学んだ結論だった。

ゼネストに一〇万。デモには六万が繰り出すなど、前年の五・一六ゼネストを遙かに上回る空前の規模となった。それは同時に、「沖縄返還とは何か」「祖国復帰とは何か」を問う最後のチャン

米支配下最後の総決算となったゼネストは死者まで出る事態となった（1971年11月）

スでもあった。

米軍は「コンディション・グリーン・ワン」を発令、ゲートを固く閉ざし、完全武装をした米兵が警戒態勢を取った。そして最終地点近くの軍用道路一号線では無数の火炎ビンが飛び交い、その中で機動隊ひとりが炎に包まれ死亡するなど大混乱となった。

この事件は、カメラマンだった私自身にとっても苦い経験となった。

## □フィルム押収事件

ゼネストから一週間経った一一月一八日、私は突然、「殺人並びに公務執行妨害被疑事件」の被疑者のひとりとして、琉球警察特捜本部の家宅捜索を受けたのだった。

捜索差押許可状請求書
下記被疑者（松永優外十数名）に対する殺人並びに公務執行妨害被疑事件につき捜索差押許可状の発布を請求する。一九七一年一一月一八日　普天間警察署司法警察員警部　嘉手苅福信㊞
○差し押さえるべきもの一、右被疑者等の共犯者と認められる者の本件犯行に供したと思料されるヘルメット、覆面用のタオル、火炎ビン（製造用原料を含む）、鍬の柄、角材等、その他当時着用していたと思料される衣類、靴二、その他本件に関する書類、メモ、現場撮影写真、そのネガ　○捜索し又は検証すべき場所、身体若しくは物　那覇市泉崎町○の○の○　○○荘三階二号室　吉岡攻の自宅

被疑事実の容疑

被疑者（外十数名）は一九七一年一一月一〇日午後二時ごろから那覇市内与儀公園において、沖縄県祖国復帰協議会（会長・桃原用行）が主催し開催した「十一・十返還協定に反対する完全復帰を要求する県民総決起大会」並びに集団示威行進に参加したものであるが、同日午後五時四十七分ごろ中核派学生集団、全軍労牧港支部青年部等過激派グループが浦添市字勢理客在、普天間警察署勢理客巡査派出所警備に従事していた警備部隊第四大隊第二中隊（中隊長・警部・仲間松雄）六十八名に対し火炎瓶投石投瓶等で攻撃を加える等公務執行妨害を敢行した際、右集団約十数名と共同し、前記中隊所属第三小隊第三分隊長巡査部長・山川松三を捕捉し、浦添市字勢理客一番地中央相互銀行勢理客出張所前、一号線道路上に引きずり倒して鍬の柄、角材、旗竿等で殴打し、又足蹴し足踏し、更に火炎瓶を投げつけて、同巡査部長を外傷性脳障害により同日午後五時五〇分ごろ死にいたらしめた。

二日後、この捜索は「取材及び報道の自由」を著しく侵害するものだとして、琉球政府公安委員長及び警察本部長に抗議文を提出。さらにその四日後には地元有志カメラマンや記者らと警察本部に出向き、押収したフィルムの返却、写真を捜査資料に使わないこと、捜索に対する謝罪などを求めたが、「容疑者だから捜索は当然」と拒否されたことを受けて、改めて捜索差押許可の取消、押収物の返却を求めて那覇地裁に準抗告をしたのだった。

正直なところ、この違法な捜索は青天の霹靂だった。

米軍支配下の琉球警察は、民間人が巻き込まれた交通事であったとしても、加害者が兵士の場合には直接手が出せず、ＭＰの脇で見ているしかなかった。私自身、琉球警察のそういう理不尽な立場を取材しながら痛々しい思いをしてきただけに、身内が殺害されたゼネスト事件の捜査に関連して、しかも令状まで取ってやって来るとは想像すらしていなかったのだ。

準抗告の手続きを取った翌一二月二日、参議院内閣委員会ではこの家宅捜索事件が取り上げられた。質問に立ったのは、すでに故人となってしまったが上田哲参議院議員。

「フリーの弱い個人に対してはこういう乱暴な令状が出されて、しかも家宅捜索が行われ、（抗議に対しては「容疑者だから当然だ」という）こういう乱暴な説明が行われるということは大変問題だ。まずそこからご意見を伺います」

「（影山勇人権局長）もしそれが本土内の警察によって行われたということでありますれば、一般的に申しまして、人権侵害という疑いの問題を生ずるというふうに申し上げたいと思います」

「（中村寅太国家公安委員長）施政権の異なっております沖縄で起こった事件でございますのと、ただいま準抗告中で裁判が進められている途中でございますので、私から白黒の異見を申し上げることは差し控えさせていただきたいと思います。これはやはり、政治的な面から、沖縄、琉球政府を通じていろいろなことをやるということは可能だと。佐藤政府としては努力をすることはできるかと思います」

「（前尾繁三郎法務大臣）外国でありましたら外交交渉ということで外務大臣が交渉するはずです。沖縄の場合におきましては総務長官が琉球政府と交渉する、こういう仕組みになっているわけです」

「（土金賢三警察庁長官官房）これは報道の自由、憲法の保障する報道の自由に関連する問題でありますので、これは軽々しく本土におきましては、そういった捜索とかはすることができない、また適当でない、こういうふうに考えています。まあ沖縄においてはこの裁判官からこういう令状が発せられたということにつきましては、私どもとしては、これはやはりたとえ沖縄においても恐らく異例のことではないかと考えます」

「（前尾繁三郎法務大臣）ただいまのお話、全部（総務長官の）山中君によく話して、今後適当な処置を取りたいと思います」（「参議院内閣委員会」議事録）

国会での議論があったその日の午後、琉球警察特捜本部は押収したフィルムなどを返還。準抗告を審理していた那覇地裁も「もはや訴えの根拠なし」として棄却を決定したが、特捜本部は「依然、容疑者である。固まり次第立件する」との主張を変えなかったため、復帰から八日経った五月二三日、私は、復帰によって初代県知事となった屋良朝苗を被告人に、損害賠償金五〇万円と新聞紙上への謝罪文掲載を求めて、再び那覇地裁あてに民事訴訟を起こしたのだった。

提訴から二年。一一回の公判を経て判決が下った。損害賠償金五〇万円はそのまま認められたものの、謝罪文掲載については「捜査の違法性の確認と原告への慰謝料支払いを認容することで十分」として棄却された。

判決からすでに半世紀が経とうとしているが、この「事件」を通じて私が経験した「容疑者の作られ方」を被告・警察側証人として法廷に立ったふたりの警察官の証言（抜粋）で見ておきたい。彼らが証言台に立ったのは第六回公判だった。

村山盛美。二九歳。捜索差押に立ち会った警察官。質問者は私の主任弁護人、金城睦さん（故人）。

「捜索差押の目的は何でしたか？」

「ヘルメット、角材、火炎ビン、その他本件に関する資料、メモなどと記憶しています」

「実際に差し押さえしたものは何でしたか？」

「フィルムとネガとビラです」

「すると、吉岡さん宅にはヘルメット、角材、火炎ビンがあると予想したんですか？それともフィルムなどがあると予想したのですか？」

「そのいきさつについては、私の方では分かりません」

続いて証人に立ったのは特捜本部捜査主任の嘉手苅福信。四七歳。被告人側真喜屋実男弁護人の質問から始まった。

「（殺害事件の）捜査は難渋しましたか？」

「はい、大衆による犯罪で規模も大きく相当難渋しました」

「原告の吉岡さんを知ってますか？」

「はい、捜査の過程で知りました」

「（証拠採用されていた乙四号証を見せながら）この写真を見たことがありますか？」

「はい、あります。（一一・一〇ゼネストのときに）中核派を中心とした集団が火炎ビン襲撃のあった現場写真です」

「この写真の中に原告がおりますか？」

「はい、おります。（写真を見ながら）写真中央部左側に覆面をして火炎ビンを持った人の左隣にいる人が原告です」

「この写真の時点で原告の名前を知っていましたか？」

「いいえ、知りませんでした。写真の顔が誰であるかを捜査員をして面割りをさせたところ名前が出てきました」

「何という名前でしたか？」

「吉岡まさしです」

「職業は分かりましたか？」

無数の火炎ビンが登場するなど復帰前最大のゼネストは荒れに荒れた（軍用道路一号線）

「フリーカメラマンのようだということでしたが、はっきりした職業は報告されていませんでした」

「そのほか、原告に関する資料は出てきましたか？」

「（ゼネスト直前の）一一・七中核派の集会が開かれたとき、一般人が出入りできない集会会場に吉岡は出席して写真を撮っていたとの報告がありました」

「その報告があって吉岡が被疑者だといっているんですか？」

「（デモの際の）山川警部殺害事件については、事前の謀議があり、その場所に原告が出入りしていたとの報告を受けましたので被疑者として捜査しました」

「出入りとはどういう意味ですか？」

「事件と関連のある人たち以外の人は出入りできなかった場所に原告が出入りしていたということです。それ以前から中核派の指導者たちと行動を共にしていたという報告も受けています」

被告側弁護人の質問が終了すると、今度は私の弁護人が質問に立った。そして「捜索差押許可状」の被疑者の氏名欄には「外十数名」とあるが、それが吉岡攻だとどこで分かるのか、と迫った。

「令状を見ただけで原告が被疑者であるかどうか分かりますか？」

「許可状だけを見ては理解しにくいと思いますが、許可状執行の段階で吉岡が外十数名の中に入っていることは執行官においては説明されています」

「証人の経験から令状に書かれていないことを説明して、あなたは被疑者だといって執行することはありますか？」

「私の経験ではありません」

「捜査の常道としてありますか?」

「ないです」

「(それでは)執行を受ける吉岡攻が自分は被疑者なのか、どうして分かりますか?」

「それは令状の執行にあたる執行員の説明によって分かります」

「すると、もっぱら執行員の説明によってしか分からないということですか?」

「はい、そうです」

「証人は、本件捜索差押が適法であり、間違いなかったと本当に思いますか?」

「・・・(答えず)」

「当時、原告が報道関係者身分証明書を持っていることを知っていましたか?」

「調査したところ、民政府から得た資格であることがあとで分かりました」

「(被告側証拠として提出された乙四号証写真を手に)カメラマンが取材活動に従事しているとは思いませんか?」

「そのような印象も受けます」

「そのような現場に臨んだ場合、乙四号証の(火炎ビンを持った人物の隣に立つ)ような状態になるということは知っていますか?」

「はい、知っています」

「報道とか、写真撮影をするためにできだけ現場に接着したり飛び込んだりすることは知っていますか?」

「はい、知っています」

「原告本人が本件以外で強制・任意捜査の対象となったことはないですか?」

「直接本人に対する捜査はありません」

「取り調べをしたことはありますか?」

「ありません」

「事件発生以来二年を経過しているにも関わらずいちども取り調べをしないで捜査を続けるという事例はありますか?」

「私の経験からしてそのようなことはありませんでした」

「吉岡まさし」などと名前の間違えに始まり、警察側証人の証言をつないでいくと、そこからは明らかな「意図」が描き出せる。容疑者はこうして作られていくという見本でもある。即ち――、

『復帰前最後のゼネスト。デモは大荒れに荒れた。飛び出した火炎ビンの炎に包まれて警備の警察官が死亡した。警察官のカメラも壊されるなど、証拠もない中で捜査は難航していた。そんなときに現場付近を撮った写真の提供があった。覆面をした男の横にカメラを持った人物が写っていた。それが中核派集会にもよく出入りしているカメラマンだと分かった。きっと、殺害現場の写真も撮っているに違いない。捜索差押許可状を裁判所に請求したところ許可が出た。氏名がないと本人からクレームが出たら、執行官が口答で被疑者だといえばいい。そして捜索が行われた。

ところが思わぬことが起きた。この家宅捜索は国会の場でも取り上げられ、「人権侵害」「表現の自由」のどちらにおいても「適当ではない」と政府答弁があり、さらに、沖縄入域にあたっては米国民政府から文化活動者と認められたカメラマンということが分かった。

しかも、写真は「真実」を語る。警察側が「同調者」の証拠だとして提出した写真は、逆に取材中の証明でもあった。そして「火のないところに煙は立たず」ではないが、捜査の根拠と行き場を失った特捜本部は被疑者だと強弁したまま二年間もずっと放置してきた』

こうして容疑者に仕立て上げようとした目論見は崩れた。すべては警察の「思い込み」が招いた結果だった。

新聞紙上への謝罪文掲載は棄却されたものの、私は沖縄県知事から直接謝罪の言葉と「陳謝声明」を受け取った。

『本日の判決によって、原告の吉岡攻氏は、本件当時、報道カメラマンとして正当な取材活動に従事していたのであって、何ら別件の刑事事件とは関係がなかったことが明らかとなり、従って吉岡氏を別件の被疑者として扱った琉球警察の捜査活動には過失に基づく違法性があったという判断が下されたのであります。

吉岡氏に対しては、その衝に当たった公務員（警察官）の過失によって今日まで物心両面にわたってご苦労ご迷惑をおかけしてしまい、まことに申しわけないと思います。県政の責任者として改めて深く陳謝の意を表します。沖縄県知事　屋良朝苗』

＊押収、抗議、そして裁判と足かけ三年続いた「表現の自由」を守る闘いは沖縄と本土のカメラマン、記者、フリーのジャーナリスト、それにその自由を守ることがどれだけ大切かを法廷で証言していただいた故・上田哲さん、故・ユージン・スミスさん、故・仲宗根朝倫さん、石川文洋さん、松村成泰さん、そして弁護団の故・金城睦さん、金城清子さん、島袋勝也さん、故・本永寛昭さん、故・山川洋一郎さん、故・大野正男さんと大変多くの方々のご支援のお陰だった。改めてお礼を表します。

## □復帰の日

復帰の日の朝、沖縄各地の銀行や特別に設けられたデパートなどの一角は人々でごった返していた。昨日まで日常的に使われてきたドル通貨がこの日を境に、いっせいに円に切り替わったからだ。しかし、前年に起きた「ニクソンショック」の影響でドル価値の下落は続いていて、県民が希望してきた三六〇円という固定相場での交換は大きく後退、二〇％も目減りとなる三〇五円での交換となったのだ。政府による損失補填も不十分で、これでは何のための復帰かと、怨嗟の声は高まるばかりだった。

琉球政府が要求した「即時無条件全面返還」の夢も崩れ、新たな日米同盟の下、基地労働者の大量解雇の一方で、米軍基地は残ったままだった。

この日、午前、日本政府と沖縄県主催の「沖縄復帰記念式典」が東京と沖縄で同時開催されている中、那覇市の与儀公園で行われた「沖縄処分抗議、佐藤内閣打倒五・一五県民総決起大会」を終えたデモ隊は、大雨の下を国際通りに向かっていた。「核基地つき自由使用返還粉砕」と声を張り上げながら土産物店が続く通りをジグザグ行進していく。歩道脇のフェンスにくくりつけられた「沖縄県」と書かれた看板は軒並みはずされ、踏みつけられ、そして「沖」の文字も「縄」の文字も「県」の文字も

雨に打たれ、泥にまみれ、茶色に染まっていく。
カメラを構え、ファインダー越しに見えてくる光景を見つめながら、私はいったい「私の沖縄」とは何だったのだろうか、と妙に感傷的な気分に襲われていた。

1972年5月15日。この日、那覇市内はさまざまな表情が交錯していた

# 第十章　それぞれの「黙示録」

過去を知る私は、沖縄を車で走ると感じることがある。それは道路そのものの増え方だ。特に読谷村はすっかり風景が変わってしまったのではないかと思うほどだ。例えば、他市町村ではくねくねしていたり、渋滞が激しい道路の代わりにバイパスができたり、あるいは沖縄自動車道のような高速道路が開通したりということがあっても、地形が変わってしまうわけではなかった。そこには居座り続ける米軍基地が邪魔しているからだが、しかし、読谷村にはすっかり戸惑ってしまった。村内に向かおうとウインカーを出して走り始めた瞬間から記憶に頼れないことに気づかされる。

村の南西部にはいまも大鳥居に象徴される米陸軍トリイステーション（通信基地）がそのままの形で残っているが、それでも人口が日本一多い村となった読谷村。最新データでは四万二〇〇〇を超す。しかも、この一〇年間の人口増加率は三％。いったい、この村では何が起きていたのか。

## □七三％と三二％

「ここはアメリカ軍の飛行場があったところですね。あのころはパラシュート降下訓練がしょっちゅうで、小、中、高とずっとヴェトナム戦争が続いたこともあってか訓練が行なわれていて、通学路のど真ん中にパラシュートにぶら下がった兵隊たちがポンポン降りてくるんです。その中を通って通学をするということで本当に怖かったですね。いまはもう解放されてこんな道路ができて……」

仲宗根京子さんが話し出した。八九歳になる母親、秀子さんをリハビリに送るという軽自動車に便乗したときのことだ。土地や農地が整備され、その間をつなぐ二車線道路を運転しながらさらに続ける。

「飛行場がなくなったあと、ここには村役場ができたり、中学校ができたり健康増進センターができたり、あと読谷市場とか地域振興センター、商工会、観光協会などが入った建物、そして花卉園芸の集荷場、ハルサポって分かります？　ハルはうちなーぐちで畑、サポはサポーターという英語、それを掛け合わせてハルサポ……」

次々と出てくる具体的な建物を探しようにも、道路の両側そして前方はキビや紅芋、それにニンニクやマンゴーの畑が続いていて想像するしかない。むしろ、思うのは、なぜそのような様変わりが可能だったんだろうかということだった。私が暮らした復帰前後のここは、どこまでも広がる原野で、村の七三％が米軍の演習場だった。それがいまでは三二％にまで減っていた。そして、整備された跡地にはさまざまな建物が建ち、それらをつなぐ道路もまた増えたというわけだった。

「復帰後は、もう本当に村長が先頭に立って、目の前に落ちてくる、キビ畑に落ちてくる兵隊がいると捕まえて、みんなでパカパカ殴って問い詰めるみたいな風土が非常に強かったですね。何で人の土地に勝手に入ってくるんだっていう怒りがあって、自分たちは基地を返してもらって平和の村を作りたいんだという思いが強く、それが成果につながったのではないかと思います」

「他の市町村と比べるとどこがどう違っていたと？」

「基地がなくなったあと、どういう村づくりをするのかということですかね。読谷の場合、いちゅいゅんたんざんちゅ、勢いのある読谷人という意味ですが、村長を先頭に老人会、婦人会、青年会、それに農協関係の人たちやらいろんな人たちが村おこしをしようという意気込みがあって、例えば、壺屋焼っていう有名な焼き物が那覇にあったんですけれども、それを村に誘致する、人間国宝で亡くなった金城次郎さんという方も壺屋から読谷に来て釜を開く。あと読谷高校の後輩になるんですけど、北釜という釜を自分たちで作って、読谷を焼き物の里に発展させていく。それにガラス工房を作ったり、昔、王族と村民以外着ることができなかったといわれてきた読谷花織りを復活させて産地にしていく。農業でも村特産の紅芋をお菓子屋さんといっしょになって紅イモタルトっていうメジャーなお土産品にして売り出す。そういうことで農業と産業がいっしょになって村作りをやっていこうという明確なビジョンがあって、そういうみんなの思いを村長さんが先頭に立ってアメリカ軍や日本政府と交渉して勝ち取るということが功を奏したんだという気がしますね」

元米軍飛行場だったという広大な地域を俯瞰的に見ると、そのど真ん中には十字路を挟んでふたつの碑が建っている。ひとつは「不戦宣言の碑」。沖縄戦では米軍の上陸地となった読谷だが、もう二度と戦争はごめんだという不戦を誓ったものだ。もうひとつは「返還の碑」。これは村民たちの不断の努力で基地の返還を勝ち取ったことを示すものだ。このふたつの碑を中心に、村役場や文化センター、農産物集荷場やハム工場、さらには陸上競技場、野球場といったスポーツ施設などが取り巻く。最も多くの土地を占めるのはいうまでもなく農地だ。

「こういう風景を日常的なものとするためにいちばん大事だったものは?」

「やっぱり、基地の全面返還。撤去運動というのはイデオロギーじゃなくて、自分たちは基地に絶対依存しない、地場産業を発展させていくんだ、と訴え続けるという強い意志だったんじゃないかと。昔からおじいちゃん、おばあちゃんたちがいってきた〈命が宝〉、命こそが大事なんだ、命あっての経済の発展なんだ、という気持ちが自分を含めてみんなを突き動かしたんじゃないかなあ」

話に夢中になっていた仲宗根さんがふと気づいたようにバックミラーをのぞく。

「秀子さん、大丈夫? 大丈夫ですか?」

「何が何やら分からん……」

「分からん? でももうすぐ着きますよ、眠たいですか?」

「大丈夫……」

半分目を閉じた母親の表情に安堵したのか、仲宗根さんは再び前方を見つめる。

秀子さんは村内にある公立幼稚園の先生を長く勤め、沖縄教職員会の一員としてもずっと復帰運動にも関わってきた。そのせいか、基地や平和というふるさとの核心的な課題については、母親からの影響も強かったと、仲宗根さんはいう。

復帰の年、読谷高校を卒業した仲宗根さんは翌年、「四季の変化が感じられるところで勉強したい」という思いが叶って埼玉の大学に入学。勉強の傍ら、基地被害と隣り合わせだった読谷村の日常が忘れがたく、自分の未来は自分で切り開いていこうと決意、母親の介護で帰郷するまでの三七年間、本土に暮らしながらも、軍用地の一坪反戦地主になるなど沖縄の反基地運動に身を投じてきた。読谷高校や読谷村は常にエネルギーの原点だったという。

「本当にふるさとだし、自分の文化的、思想的、いろんな意味での原点だし、何物にも代え難い場所という思いがすごくあり、誇りにしてます。特に読谷高校では先輩たちが築いてきた誰もが参加できる校庭討論会のように、高校生でもいうべきことはいい、やるべきことはやる、そして全身全霊で基地問題に取り組んでいくという風土は本当に誇りに思っていますね」

そして、仲宗根さんは少し得意顔になった。

「あの、読谷というといなかー、いなかーって、すごく田舎もんといって差別されるところがあって、職場の中でも、ああ読谷、いなかーよねっていわれるんですけど、誰ひとり嫌な顔する人いないんですよ。そうだよって、自分たちいなかーだよ、だから読谷は紅芋がいっぱいあるし、焼き芋ややちむん、焼物もあるし織物もあるし、ガラス工芸もあるし、地域豊かな文化だから農業も盛んだからもう一生いなかーでいいんだよって、むしろ誇りだよって。みんなそういうんですよ。これ不思議なことに共通なんですよ」

軽自動車が目的地のリハビリセンターに到着した。

現実に戻った仲宗根さんは車を降りると後部ドアを開け車椅子を取り出す。そして、シートベルトを外すと母親の腕と腰に手をあてながら上手に乗せる。もう慣れたものだ。

「高校生のときはお母さんの介護など思いもしなかった?」

「全然、考えてもみなかったです。時代ですね。昔は介護施設などなくて、そもそもそんなに長生きでもなかったし、結構、早く亡くなる方も多かったですからね」

「介護は面倒だなと思うこともありますか?」

「学ぶことが多いです。母はまず施設で出される料理で文句をいったこともないし、介護の看護師さんとか施設の方にごめんね、ありがとうって声をかけたり…。だから人に感謝する気持ちは自分が高齢になっても引き継ぎたいなあと。施設に入る前は、夜もトイレとか介助で本当に大変だったんだけども、いやだと思ったことはないですね」

「お母さん、着いたよ! じゃあ、行きましょうね! はーい」

屋内駐車場の入り口まで迎えに来ていたセンターの職員に母親を預けた仲宗根さんは、身軽になった両手でマスクを外すと、ひと息ついた。沖縄のコロナは依然、猛威を振るっていた。しかもその感染源は米軍基地だと特定されたこともあって、ウィルスに感染した米兵の入国に、日本側はチェックもできないという日米地位協定の不平等さへの怒りの一方で、蔓延することへの恐怖と不安が混じり合ったある種の絶望感が漂っている時期だった。それも分かってか、仲宗根さんはすぐまたマスクをつけ直した。

「何も変わらないですね。というか、相手が見えなくなってしまった分、責任が曖昧になった…答えが得にくくなった感じですね」

日米地位協定のことをいっている。米軍支配下の時代は、相手となった基地司令官の表情を見ながら文句もいえた。だが復帰してからは、抗議ひとつ、その答えを得るにも東京を折り返してくる。時間もかかるが相手も見えない、というのだ。

「そういう中で、いずれは沖縄の未来を担ういまの高校生に何を残したいと?」

「高校生は政治に口を出すな、っていう大人の人が多いんですけど、当時、私たちは高校生にできることとして、B52撤去というプレートを作ったり、リボンを胸に制服でいる間はずっとつけたまま過ごすというそういう形での基地反対や復帰運動をやってきたわけです。ですから、中学生だろうと高校生だろうと、辺野古新基地建設問題に対しても、PFAS(有機フッ素化合物)のように、命だけではなく川が汚染されたり空気が汚されたりする問題に対しても、声を上げていいんだよっていうことをいいたいし、引き継いでいって欲しいということですね」

## □ウクライナ戦争勃発

市街地上空に沸き上がる煙。アパートの窓から吹き出す炎…。

一瞬、私は、アメリカが二〇〇三年に始めたイラク戦争のときのバグダッド空爆を思い出していた。

また、同じ大国の理屈が火を噴いたのかと画面に釘付けになった。

テレビアナウンサーの声が聞こえてくる。

『ロシアがウクライナに軍事侵攻しました。第二次大戦以降のヨーロッパで最大規模の侵攻です。ロシア軍は東や南から侵攻し…』

大型画面から流れるニュースに接したのは、北谷町砂辺に住む知花賢信さんのリビングだった。

「ひどいね……」

知花さんがつぶやく。

『首都キーウでは夜一〇時から翌朝七時まで外出禁止令が発令され、公共交通機関は動いていません。プーチン大統領はなぜ軍事侵攻を決断したのでしょうか』

「ウッ」

必死に画面を見つめていた知花賢信さんが、今度は声にならない音を出す。そして、思い出したようにいう。

「戦争はいかに愚かなことなのか……。プーチンは沖縄に来たんですよ、一度……」

私も憶えていた。あれは沖縄サミットが行われた二〇〇〇年七月、具志川市（現うるま市）の体育館で行われていた少年柔道錬成大会に、プーチンは予定にはなかった子どもたちとの「試合」に臨んだが、見事投げ飛ばされるというパフォーマンスさえ見せつけたものだった。

解説者の声に変わった。

『プーチン氏が民主主義を毛嫌いしているのは明らかです。彼が恐れているのはかつてのソ連邦内に民主主義が波及していくことです……』

「こんな状況が沖縄で起きれば、真っ先にここ砂辺、基地に近いところは一瞬で滅びるでしょうね」

沖縄とウクライナは確かに遠いが、戦争の話となると知花さんにはそうは思えない。

「他人ごとのようには思えないです。こういうことが過去に沖縄戦で実際にあったということですよね、もう戦（いくさ）というのは他人ごとではなく、とても複雑な気持ちですよ」

私が知花さんを訪ねたのにはわけがあった。

一九六八年一一月に起きたB52墜落・爆発事故をきっかけに授業ボイコットに起ち上がった読谷高校生たちの写真を撮ったことがきっかけとなって五三年ぶりに仲間たちが再会、思い出を語り合った（「第三章 秘密の会合」）。それから間もなく、東京に戻った私は一通のメッセージを受け取った。スマホ画面を開いてみると知花さんからだった。

「どうか、沖縄の辛さ悲しみをこれからも伝えて下さい」

私はこの短いメッセージの中にある「辛さ悲しみ」という言葉が気になっていた。そして、その意味をどうしても確かめたくて自宅を訪ねたのだった。

## □耐えてきた「辛さ悲しみ」

ウクライナ侵攻のニュースを見ているときに知花さんが「基地に近いところは一瞬で滅びるでしょうね」といった言葉を噛みしめながら、嘉手納基地から最も近い砂辺を歩いた。

「あれが嘉手納基地の誘導灯?」

「そうですね。でもこっちを見て下さい。ここにもあそこにも小さな公園がありますね。植物があって赤や白の花が咲いている。でも、あれは騒音に耐えられなくなった住民に防衛省が積極的に立ち退きを進めたことで出て行った跡ですよ。無数にありますよ、分かんないでしょう、そんなこと。それを国が買い上げて管理してるんです」

一方、目立つのは、海岸べりに建つ何棟もの低・中層住宅だ。

「みんな米軍専用の建物です。これだけでいったい何人いるのか。ここをアメリカ村って地元の人は呼んでますけど、ずっと奥まで連なっていて、入っていくと違和感というか排除されるような感がありますね。不思議ですよ。向こうにはビーチもあるけどもう彼らの専有物というか、地元の人の足はどんどん遠のいてますよ」

そんなマンション群が目の前にある広場のベンチに座った。緩やかに曲がりくねったすべり台でふたりの女の子を遊ばせているアメリカ人女性の姿があった。

住民が出て行ったあと、新たに建てられた住宅に入居する米兵とその家族たち。公園で遊ぶアメリカ人親子のそんな姿を見ていたら奇妙な感覚にとらわれた。この奇妙な感覚の中に知花さんのいう「辛さ悲しみ」の正体が潜んでいるのかも知れないと思った。

「私たちは復帰によって基地の負担が軽減されると望んでいたわけですね。ところが現状はむしろ負担が増えている。返還とか縮小といわれた那覇軍港は浦添に移るだけ。普天間も然り。キャンプキンザー(海兵隊の兵站施設)も返還というけれども嘉手納弾薬倉庫に移るだけですよ。基地は全然減ってないです。しかも、戦闘機は進歩してよりうるさいのがボンボンやってくる」

「これまでたくさん抗議してきました。決起大会とか県民大会とか。でも、いくら抗議しても日本政府はアメリカに伝えますと、しかし、アメリカがうんといわないんだよと。逆にアメリカに訴えたら、アメリカは基地は日本政府との契約だから日本政府にいえと、もう堂々巡りですよ。そしていまでは台湾有事だという。沖縄が戦場になる可能性は、想像ではなくて、本当に目の前の現実ですよ」

「この先祖からいただいた爆音のない、基地のない、温暖で自然豊かな島を子どもたちやその孫たちに引き渡すなんていうことは、もう僕たちの世代がどんなに頑張っても無理な話ですよ。若い人たちの中には、基地は生まれたときからあるわけだからしょうがないじゃないかという人たちもいる。そう思わされてしまってるんですよね。戦（いくさ）であれだけ痛めつけられて、さらにいまでもこういう状況というのはあまりにも辛すぎる、悲しすぎる、その思いをメッセンジャーに込めたつもりなんです」

静かに、しかし、ひとことひとことゆっくりと語る言葉はすんなりと入ってきた。そして、知花さんはこんな話で締めくくった。

「生まれたときはもう既に基地があったわけで、軍用道路一号線には戦車が走ってましたからね。しかし、当時は幼いですからなぜなのかは分からない。そしてそのまま考えないようにすれば楽ですよね。僕は考え込んでしまうんですよ。頭の中にはずっと爆音があるし、飛行機が飛んでるし、基地もあるから悩むんですよ。ところがそんなことを捨ててしまえば楽ですよ。もう考えなければいいんだから、考えないということは楽ですよ」

## □「言葉」と「祖国」と

一九七二年の復帰後、職員として採用されていた会社は琉球電電公社から日本電信電話公社へ、さらに民営化に伴って日本電信電話株式会社（NTT）に変わった。たまには営業を任されることもあったが、知花さんの本業は電話機器の保守点検。時代がファックスや携帯電話、さらにはインターネットへと変化する中ではパソコンを使ってのデータ解析なども手がけたが、定年までの四〇余年間ずっと「機械屋」と呼ばれる世界で生きてきた。

そして、そんな中、「考え込んでしまう」問題にも直面してきたと苦笑いする。

それは「言葉」と「祖国」。私は、ちょっと不意を突かれた思いだった。というのも、この問題を突き詰めて考えてみたことがなかったからだ。だから、質問から始めた。

「復帰後、本土からたくさんの会社や企業が入ってきた。電話の敷設などで初めて接触する本土のお客さんに何を感じました?」

「そうですね、話がうまいというか、会話がとても上手と思いましたね。やっぱり僕たちが使う日本語と違いますから。何ていうか、ハイカラな感じに見えましたね」

「僕たちが使う日本語と違うというのは?」

「アクセント的なもんですよね。東京弁とはいいませんけど、沖縄は何かそのアクセント的にちょっと特徴がありますので…」

「それは同じ日本語だけれども、全然違うな、みたいな感じ?」

「全然ではないんですが、普段の生活で使っているのはうちなーぐちですし、会社では共通語、日本語という生活ですから、やっぱり訛りが出てくるんでしょうね」

「その中で嫌な思いをしたなっていうことは?」

「当然ありますよ。まずは日本語をしゃべれ、という話ですよね。こちらは日本語でしゃべってるのに日本語をしゃべれというような言葉を投げられたこともありますから。そういうときは、ああそういう見方をしてるんだなと感じましたよ」

「一瞬むっとしますよね?」

「します。高飛車っていうか、高いところから見ているなみたいな、何度かありましたね。でも、そこは仕事ですから我慢します」

「そういうことはどのくらい続きました?」

「これはなくならないですね。日々接する中で、どこかに、いつもありましたね」

「……そういう体験をしながらもですが、この五〇年余りの中で〈本土観〉というものは変わりました?」

「それは変わりましたよ。より近くなったとは確かに思います。しかし、同一ではないというのも確かです。どういったらいいか、同一化することはあり得ない。協力とか、友だちはいっぱいいます。ただどういえばいいですか……、日本人といいきる切ることができない、ですね、僕は」

「それはなぜ?」

「やっぱりまずは言葉。例えば、いまこうやって話してますよね。僕の中では日本語が自然には出てこないですよ。要するに、うちなーぐちが頭の中にありますから。翻訳するというのとはちょっと違うんだけど、正しい日本語を使おうとする自分がまずいます。そこがいちばんですかね。例えば、日本の方々が外国で英語をしゃべる場合に、日本語で考えてることを英語に訳してスピーキングイングリッシュするのと感覚はいっしょですよ」

「頭の中がそういうふうになっている?」

「何ていうのかな、ことさらみなさんに分からないようにそういう言葉を使うわけではないです。自分たちにはうちなーぐちそのものが染みついている、思考の中にある、まあ親を始め、先祖の方々が使ってた言葉ですから、それは大事にしないといけない、コンプレックスとかとは無縁です。言葉の種類が違うだけです。だから日本語がうまく使えなくてもコンプレックスを感じることはないです。勉強すればいいだけで。そういう言葉の文化というのはあると思いますよ。僕はうちなーぐちが大好きだし、誇りを持ってます」

「逆にいうと、日本語っていうのは凄いと思いますよ。だって漢字でしょう、カタカナ、ひらがな、音読み、訓読み、こんな複雑な言語をしゃべるのは世界で日本だけです。同じ字なのに読み方が違いますでしょう。英語はたった二六文字か、AといえばAですよ。だから日本人は誇りに思っていいですよ、言葉については」

知花さんはうちなーぐちは方言ではなくひとつの独立した言語だという。そうであれば、その言語を使う人々が暮らす地域こそ「祖国」なのだろうと私は思った。

とすれば日本は……?

「祖国と感じたことはありません。日本は祖国ではない、僕の中ではそうです。日本語使って、日本国籍でありながら何をいうかとおっしゃるかも知れませんが、私はうちなーんちゅであって、うちなーんちゅにとって日本は祖国ではないと思ってます」

「沖縄が祖国?」

「この沖縄の島ですよね。沖縄という国があって、琉球王国があって、先祖がいらっしゃって、その方たちがどんどん子孫を増やしてきて、僕という人間がいるんですよ、僕の中には父親がいて母親がいて、おじいちゃん、おばあちゃんがいて、遡っていくとそこに琉球という国があるわけです。それが祖国です。それを日本に置き換えることは僕にはできません」

それでは、高校生だった知花さんたちが「祖国復帰」を叫んだときの「祖国」とは何を指していたのだろうか、当然ながらそういう質問をしてみた。

「それは、理不尽なアメリカ支配という状況を変えてくれるのが日本だと。日本にはその責任があると。沖縄を切り捨てたわけですからね。その一方で、日本は人権が守られている、だから、そういうところに戻してくれ、というのが当時の祖国復帰への思いでした。国家としての日本じゃなくて、理不尽さを取り除いてくれるところが祖国だと思ってました。何で違った国の人が人種も違うのに沖縄の人にこうしなさい、ああしなさいと決めるのかと、それがいやだったんですよ」

だが、復帰はしたものの、日の前の現実は変わらなかった。

## □「どこに逃げるんですか？」

嘉手納基地ゲートからおよそ四〇〇メートル。上空は着陸を試みる戦闘機がひっきりなしに飛び交う。知花さんが案内してくれたのは自宅二階のベランダ。南西に開けたそこからは目の前に中層の町営住宅が、そしてその向こうには米兵やその家族専用の低層マンションが午前中の日の光の中に連なる。

「ウクライナ戦争が始まったっていうんだけど、沖縄はいつも戦争という枠の中にあると思いますよ。ですから…」

声が途切れた。ゴーという腹の底から湧いてくるような重低音が高まってきた。嘉手納基地方向からのものだと分かる。

「これはグローブマスターというC17かな。音も大きいですよ、エンジンが四つもついてますから。これはエンジン調整の音ですよ」

空中給油なしで紛争地域への戦略物資輸送が可能だというこの大型長距離輸送機。嘉手納常駐は以前からだという。

「…ですから、中国脅威論もそうですよ。真っ先に沖縄が狙われる。実感としては恐怖感ですよ。もしかしたらというね。国民も大多数が政府のそういう話に乗っかっている。これが怖い、この流れというのは…」

声がまた聞こえなくなった。突然、戦闘機らしき小さな影が町営住宅の向こうから姿を現した。そして、地鳴りを思わせる音が急速に近づく。

「F22ですよ。これもうるさい。聞こえないでしょう、私の声…」

音速を超える巡航性能を持ったこのステルス戦闘機は、既知のレーダーでは捉えられないという手に負えないものだ。通り過ぎるのも一瞬だ。知花さんが再び話し出す。

「いまのこの状況は沖縄戦前の雰囲気に似ているというんですよ、先輩らは。だからウクライナを例にとって申しわけないが、人間が死んでいる、腐って膨れている、こういう姿を本当はテレビで見せて欲しい。そうじゃないと…」

また話が途切れる。明るく澄んだ南西の空に揺れるふたつの光点が見えた。それが私たちのいる方向に向かってくる。やがてふたつは機影を露わにして頭上を通り越していく。耳を塞いだだけでは不快感は消えない。手元の騒音計を見ると八〇という数値が瞬間的に表示された。

「ここに、ずっと立っていられないでしょう？　これが日々ですよ。で、さっきの話ですけど、いまの若い人たちはこんなのテレビでやるのかと、遺体をね、そういう感覚で見ている。しかし、戦争ではね、人間も人間ではなくなって、ただの肉の塊になっているのを報道すべきなんですよ。そういう無残なものはけしからんという人もいるけれども、そういう問題じゃないよと……」

さっき見た二機の戦闘機が再び南西方向から高度を下げてやってくる。

「あれがまたぐるっと回ってきてタッチアンドゴーに入っていくんですよ。もうこんなに近くでしょう、ちょっとでもずれたらぶつかってきますよ、落ちるかも分からんですよ。どこまで話しましたっけ……、そうだ、だから生きていた人間が瞬間で無になる。テレビでこういうものを見せていけば、戦争とはこういうものだということが、言葉で尽くすよりも一発でわかりますよ。これこそが平和教育ではないかと思います」

工事現場でも電車でもその騒音の中にずっとさらされると耐えられない。だが、絶え間なく腹に響く地鳴りのような重低音、そして耳をつんざくような鋭い金属をこすり合わせたような響きの中に立っていると、どうにも落ち着かなくなる。

「テレビなんか見ててもですよ、肝心な場面があるじゃないですか。でも、これが始まるともう聞き取れないんですよ。それが日常ですから。ほら、またきた、これはきついと思いますよ」

私も、じっくり話を聞く気にはなれなくなっていた。高度を下げて向かってくる戦闘機を目の端で捉えながら騒音計に目を落とす。数値が七五と出ていた。

「…地位協定でちゃんと朝は何時からと決められてるんですけどね。それはただの取り決めっていうだけで、常に例外が認められている状態ですよね」

知花さんが音の方向を見ながら大声を出す。

「そら、きた…、あっ、中止ですね。少しでも入射角が間違ってると管制塔の指示で着陸しないですぐ上昇する。タッチアンドゴーの中止だから、余計エンジンをふかすんですよ」

姿はすでに見えなくなったが、一瞬、爆発音かと思う音を残して遠ざかっていく。

私は、聞かざるを得なかった。

「ここから立ち退いて騒音のないところに行きたいとは思わない？」

答えはすぐに返ってきた。その早さに、私は知花さんの覚悟のようなものを感じ取った。

「それは、僕はないですね。それって逃げじゃないですか。こんな環境を享受するわけではないんですけど、それは逃げてしまうとしか僕には思えなくて。でも、こんな小さな島ですから、どこに行ったってこの戦闘機の音は聞こえてます。どこにも逃げ場がないっていうことです」

## □私は日本人ではない

知花さんは毎日日記をつけてきた。積み重ねた日記帳は大きな段ボール二箱分になった。だが、頭の中にしまい込んでおけばいいと決心して、去年、二〇一九年までのものはすべて処分してしまったという。その代わりといって残した三年分の日記帳を見せてくれた。そして偶然開いたページが五月一五日だった。

「これ二〇二〇年の五月一五日です、読みますか？　五月一五日。金曜日。四八回目の復帰記念日。コロナウィルスで平和式典もない。政府筋からの話。基地負担はむしろ増えている。自衛隊も増強され、宮古、八重山、与那国と島の首長たちは戦（いくさ）が沖縄に何を強いて、命を守るどころか殺したことを忘れたのだろうか。なぜ、必死になって反対しないのだろうか。本当に守ってくれると思っているのだろうか。基地はいったんできてしまえば簡単に撤去はできないと分からないのだろうか。そしてまた、どれだけ訴えようと、日本人は答えない。理解ある人たちはいるけど大半は知らんぷり。私は日本人ではない。うちなーんちゅだ。取り戻す方法は、琉球王国に戻る道しかない」

日記帳を閉じた知花さんは自らの思いを噛みしめるかのようにつぶやいた。

「夢かも知れませんけど、独立して…。貧乏でもいいじゃないですか。こんな飛行機が飛ばない、静かな島であればいいと思っていますよ」

## □無言の抵抗

毎週月曜日、朝八時。那覇市安里十字路。

真上にはモノレールに並行して高架道が走る。下は大きな十字路だ。この時間、この場所は市内中心に向かう自家用車や商業車がひっきりなしに走る。そんな中を、四つ辻の思い思いの場所に立つ一〇数人の人たち。信号が変わるたびに運転手や同乗者に向かって頭を下げる。声は出さない。その代わりに手にしたり、首から下げた自家製プラカードの文字がその主張だ。

同じ朝、同じ時間、同じ場所にみんなと少し離れて立つ座間味健二さん。両手で広げたひときわ目立つ黄色い布地には黒い文字で「基地はいらない全基地撤去」と書いてある。

一九七〇年五月、前原高校の女子生徒が米兵に刺されるという事件に直面したとき、抗議県民大会の壇上から「あの小さな体で、必死に抵抗した彼女のその抵抗を無駄にしてはなりません。真っ昼間も安心して道も歩けないこの事実を見逃してはなりません。米兵による犯罪は沖縄から基地がなくならない限り続くのです」と怒りのメッセージを読み上げた座間味さんだ。それから五〇年以上が経つのに、いまも基地撤去を訴える姿をレンズで捉えながら、その意志の長さに、私は言葉ではうまく表現できない感覚を覚えていた。

「基地があるゆえの理不尽なんですよ。この間も若い女性が殺されました。命が、ずっと脅かされる状態が続いているわけですから。僕が高校のときにひとつ下の女の子が米兵に刺されたと。そしてキビ畑から命からがら逃げ出して助かったと。そういったことがずっと続いている」

若い女性が殺された、というのは二〇一六年、ウォーキング中のところを米軍属に襲われ殺害されたうるま市の事件や、北谷町で元交際相手の女性が殺された事件のことをいっている。

「復帰したことはいいことなんだけど、基地は変わらない。それどころか今度は日本政府という盾ができてしまった。それまでは直接対峙して抗議できた、米軍と。ところがいまは、結局は米軍にしたい放題にさせたまま何もいわないわけでしょう、それは聞きましたよとか、米軍には伝えました、それだけですよ」

ときおり、窓を開けたドライバーが手を振っていく。その都度、座間味さんは頭を下げる。

「ホウカン外交ですよ。わかります？　どういうことかというと、最初はペリーが来ますよね、江戸時代、浦賀に。大砲に怯えて開国したから〈砲艦〉外交。ところが、敗戦した後の日本外交は太鼓持ち、媚びを売る〈幇間〉外交に変わってしまったんですよ。それがずっといまに続いている。私たちは同じ人間として生きたいんだと訴えても踏みにじられたままです。そこをなんとか打開しなければいけないと思って立つんですよ」

朝の行動はおよそ三〇分。通勤時間のピークが過ぎると、座間味さんは慣れた手つきでスポーツバイクに取りつけたサイドバッグに黄色い布を畳むと颯爽と去って行く。自宅まで二〇分。一〇年以上も続けてきたが、最近はコロナ禍とあって、感染状況次第という不揃いの日程が続いていた。しかし、意思は変わらない。

沖縄県警の統計によれば、一九七二年の復帰からこの五〇年間に、刑法犯で摘発された米軍人、軍属は六〇一八。うち八〇％は軍人だった。刑法犯の中でも殺人、強盗、強姦という凶悪犯罪での摘発者は七五七。この中には、普天間基地移設につながった少女暴行事件、うるま市や北谷町で起きた女性殺害事件も含まれている。

### □等身大の沖縄を伝える

アルバイトを重ねながら琉球大学を卒業した座間味さん。いったんは名古屋の書店に就職したものの、故郷忘じがたくではないが、教員採用試験に合格したこともあって帰郷、定年までの三〇余年間、社会科の教師として中学校や養護学校の生徒の前に立ってきた。しかし、米軍がらみの犯罪を聞くたびに自身としての怒りと、教師としての冷静さの調整に苦悩してきたともいう。

「生徒には、そういうことがあったという事実は伝えますね。そして、一個の人間として、沖縄の人間として、やはりこういうことは許せないと思っているところまでは話します。しかし、自分はこういうような価値観を持っている、だから許せない、だからあなた方も許せないだろう、というふうな教え方はできないですね」

「事実と思いだけは教えるけれども、どう判断するかはみなさんの問題だと？」

「みなさんの問題です、といって投げ捨てるわけではないですけどね。戦争や戦後の占領支配からいまの日米地位協定といった歴史の流れを語りながら、こういうことが起こっているんだということは教えます」

「高校生として県民大会で訴えたあのときよりは、先生という立場を考えてしまう？」

「当然そうですよ。だって同級生だったらパッと呼びかけて、許さないよなあ、許さない、という感じでいけますけど、生徒に、許せない、いっしょに抗議に行こうかとはいえませんよ。だからこういう事件が起きると、家でもお父さんやお母さんから話を聞くかも知らん、両親はそういう理不尽な時代を生きてきているわけですから。あるいは、新聞読んだかとかテレビを見たかとは聞きます。そうやって自分の考えを持つきっかけを作って上げるしかないです」

「気持ちの上では苦悩もある？」

「当然あります。だから僕自身は抗議県民集会とかには必ず行きます。やっぱりひとりの人間として意思表示をせんといかんと思ってますから」

自宅の一角。三方を書棚でしつらえた部屋に、体験から絞り出された座間味さんの言葉が響く。書棚は古典から現代本まで、そして沖縄の郷土誌や関連本でびっしり埋まっている。書名を眺めても社会科の教師だったという座間味さんの知識の豊かさが伝わってくる。

六〇代もそろそろ卒業かという座間味さんが毎日の日課としていることがある。その〈現場〉が階段を上がった二階にあった。

「ここが朝の職場です」

部屋の入り口にはひもでくくった新聞の束がいくつか置かれている。中央の広い机にはデスクトップパソコンがあり、うず高く積まれた新聞やノート、それにさまざまな資料などが取り囲む。はた目には、たったひとりの「職場」は雑然としているとしか見えないが、座間味さんがパソコンを前に座ると仕事場然としてくるから不思議だ。

「ごちゃごちゃしてますけどね。私の日課は朝起きたらまず新聞を読んでノートにメモをする。メモしたやつをパソコンに打ち込んで、メールで送る……。何といっても最初は天気予報ですね。お互いどういう状況の中にいるのかが大事ですから。内地の最高気温が沖縄の最低気温になっていたりとか、気温というのは生活に関係してきますし、お互いの状況が見えてくるわけですよ」

「お互い」というのはこのパソコンに打ち込んだ文章を送付する本土の友人や知人たちのことだ。この日の朝のテレビ予報では、東京の最高気温は一八度。その数字は沖縄での最低気温だった。パソコンをのぞかせてもらうと、こんな具合に始まる。

『おはようございます。現在（沖縄は）二三度、晴れ。予報は晴れ時々くもり。最高気温二五度、最低気温一八度。明るい空。昨日は降ったり止んだりでした』

気象情報に続いて、その日その日のできごとの中から伝えたいエピソードやそれへの感想があり、次にその日の地元紙『琉球新報』の各紙面記事の紹介と、ときにそれに対する座間味さんの解説や寸評も書かれている。

「何も基地反対とかという問題だけじゃないですよ」

そういって保存済みのフォルダーを開いてみせた。真っ赤なあかばなー（仏桑花）、黄色いゆうな（オオハマボウ）、小さなピンク色をしたハゼランなど、沖縄に咲く花々がそこには、あった。

「最初はやっぱり基地が置かれている状況を少しでも理解して欲しいというのはありました。ところがそれだけじゃ話にならんなと。考えてみれば、僕だってしょっちゅう基地の画や記事だけが送られてきたら嫌気が差しますよ」

「それよりも、沖縄を丸ごと知って欲しいと。基地問題も沖縄という全体像の中にあるんだと。例えば、この花は道ばたに咲いているものですけど、地域の人が面倒見てるんですね、水をやったりして。それで相手の人がこれが好きだったら好きでいいし、結局受け手側の問題です。こう受け取って欲しいと押しつけることはありません」

毎朝書き、毎朝送る。送る相手はいまのところ一〇人前後。人数は気にしていない。少しでも等身大の沖縄像というものが伝わればそれでいいと思っている。ただ「送信メール」と素っ気ないタイトルが気になって「座間味通信」にしたらどうかと座間味さんには提案してみたが、実現していない。

ある日の「送信メール」から。

『現在二六度、晴れ。予報も晴れ、最高気温二八度、最低気温一九度。私はいつもの日曜日でしたが、県内各地でいろいろなイベント開催。宮古島トライアスロン大会。大宜味村では塩屋湾トリムマラソン、宮古島出身の多い浦添市では、宮古郷友会の芸能まつり、国際映画祭が那覇市や北中城村で、国際通りでそのレッドカーペットと。安里十字路の活動に参加。通勤通学の交通混雑。観光バスの増加。とくに首里向けは、客を乗せてのものや乗客を迎えに行くと思われるものなど。歩行者も増加』

## □訃報

一瞬、言葉が出なかった。そして、思い出が脳裡を駆け巡った。

二〇二二年四月一七日のことだった。沖縄の弁護士、照屋寛徳さんが亡くなったという電話だった。穏やかで、しかし、理路整然と語る。弁護士だから、といってしまえばその通りかも知れない。が、内に秘めたうちなーんちゅとしての不屈の姿勢は一貫していた、と改めて実感する。沖縄の戦後史が弁護士、照屋さんを生んだ、と私は密かに思ってきた。だから、取材でも大いに協力いただいた。

「五〇年の歴史の中で、コザ暴動は最大の反基地闘争、決起であったし、僕は弁護団最後の生き残りとして、そう思う」

二〇二〇年八月一八日、コザ暴動から五〇年（ETV特集「沖縄が燃えた夜」NHK二〇二〇年一二月一九日放送）の取材で、「放火」などの罪で被告となった四人の弁護団のひとりとして活動していたときのことについて、照屋さんが語ってくれたこの言葉が、私が聞いた最後の言葉となった。

すでに第六章でも触れたように、コザ暴動で逮捕され起訴された被告たちの弁護にあたっては、照屋さんは新参者の弁護士だったが、われ先にと手を上げた。

「コザ暴動に見られるような米軍支配に対する抵抗、戦い、不条理に対する怒りには私自身も大いにわじわじー（腹立たしい思い）してましたから、裁判が始まったときには私も入れて欲しいと希望してですね、加えてもらいました」

そして、「弁護団最後の生き残り」となっていた照屋さんに、私はひとつのお願いをした。それは「人身御供」とさえいわれた四人の元被告にどうしても会いたい、ということだった。照屋さんは「分かりました」のひとことで約束してくれたのだった。


建造物等以外放火、公務執行妨害、凶器準備集合などで起訴された四人は暴動から六年後の一九七六年三月、福岡高裁那覇支部が控訴棄却としたことで那覇地裁での判決が確定した。判決によれば、機械工のMさんは懲役二年、タクシー運転手のYさんと雑貨店経営のMさんは懲役一年六月、コックのKさんは懲役一〇月だったが、Kさんには一年間の、他の三人にはそれぞれ三年間の執行猶予がついた。それから四四年が経っていた。

携帯の着信音が鳴ったのは約束から一週間が経ったときだった。判決を受けた四人のうちのひとり、タクシー運転手のYさんこと、与座順清さんがようやく見つかったといい、インタビューを受けてもいいといっている、という内容だった。

与座さんは建造物等以外放火、つまり米軍車両に放火した罪で刑に服した。

「いやあ、久しぶりに会ったけど、変わらんねえ」

「裁判以来だもん」

事務所を訪ねたとき、当時の被告と弁護人のふたりもちょうど出会ったところだったらしい。その会話から、判決以来、長い空白の時間が続いていたことが私にも分かった。少しの間、ふたりはお互いの身を案じ合っていたが、七四歳だという与座さんは寡黙な人に見えた。

あのコザ暴動の夜、与座さんが「建造物等以外放火」という罪とされた行為については、これも第六章で触れた通りだが、逮捕、起訴、裁判、そして判決をどのような思いで受け止めていたのか、私はそこを聞きたかった。

「放火という罪でしたが？」

「やったことは間違いないから、みんなでやったんだから、それを認めてる」

「あの現場には何千人という人たちがいました。しかし、四人しか起訴されなかったことについては？」

「仕方がないと思う。自分も、誰がやってるか、やってないか分からん。そういう現場だったからね」

「そうすると、起訴状通りだったと？」

「そう、わしらは加勢したよ。ＭＰがきちんと事故処理さえすれば何でもなかった。米兵を帰すといったから情勢が狂ったんだ」

「どんな思いで加勢を?」

「仕方がなかった」

「仕方なかった?」

「あまりにも……外人がね、普段でも米兵は沖縄が被害を受けても、そんなの当たり前と思っているから、それでは困るからちゃんとやりなさいといったんだ」

「いつも沖縄の人たちを馬鹿にしている?」

「そう……。まあ……、これはひとりでやろうと事故処理をしてもできるものじゃないしね。みんながワイワイ騒いでやっていたから」

「だから自然に自分も?」

「そうそう」

「やったぜ、とか、これで怨念が晴れたという気持ちは?」

「晴れるという気持ちはないよ」

「みんなは免れたのに、なぜ与座さんは逮捕された?」

「友だちがあの日に逮捕されて、それがしゃべってから自分も逮捕された」

「その友だちが与座というやつがいるけれどもそいつもやったんだと?」

「そうそう」

「裁判ではどんな主張を?」

「ひとこともいってない、何もいってない。一回もしゃべる機会がなかったから。一回もしゃべらなかった。他の人がしゃべったから、裁判では」

「判決を聞いたときは?」

「これだけの事件を起こしたんだから、実刑がくるのは間違いないと思っていた」

タクシー運転手だった与座さんは兵隊を乗せるたびに料金を踏み倒されるといういやな経験を何度もしていた。しかし、言葉少なに、しかも、意外とあっさりとした与座さんの返答は、ちょっと私を戸惑わせるものだった。

「与座さんにとってあのコザ暴動って何だった?」

「…答えが出ないよ。あれは起こるべくして起きたんだから、仕方がないと思っている」

事件は仕方なかった、見下されたり、タクシー料金を踏み倒されたり。そういう悔しさが爆発してしまったのだから。みんなは溜飲を下げたといっているが、自分は逮捕されてしまった。とすれば与座さんにとってコザ暴動とは、と一瞬そんなことを想像した上での質問のつもりだった。だから…。

「名誉だとも思いませんよね?」

「名誉でもないね」

「不名誉でもない?」

私は首肯の返事がくると思い込んでいた。だが、与座さんの答えは意外なものだった。

「不名誉はある」

私は、再び戸惑った。

「どういうところ?」

「何もしなかったことだね」

「何もしなかったってというのはどういう意味ですか?」

「…」

今度は、長い沈黙が続いた。与座さんの沈黙。それは裁判でひとこともしゃべらなかったことへの悔いなのか、あるいは…。私は、与座さんのその先への思いに踏み込むことができなかった。そして懸命に想像した。罪を償うことで与座さんが背負ったものはいったい何だったのだろうか…。

「普段はもうコザ暴動のことは口にしないですよね?」

無言のままの与座さんを見つめた。決して名誉にもならないことを思い出させてしまったことへのお詫びのつもりもあった。しかし、これもまた堪えるものだった。

「もう、話し相手がいないもの…」

カメラの前で初めて語ってくれたことに感謝し、私はインタビューを終えた。


ずっとやりとりを聞いていた照屋さんも口を閉ざしたままだった。最後の判決から四四年、その間ずっと胸の内に閉じ込めてきた記憶のひとつひとつを、短い言葉で吐き出していく与座さんを見つめるのが精一杯だったのかも知れなかった。

照屋さんには心からのお礼をいって別れたが、これが文字通り最後の別れとなるとは、もちろんこのときは思いもしなかった。

## □二五年ごとのターニングポイント

コザ暴動のひとつの現場となった嘉手納基地につながるゲート通り。この一角にヒストリート館はある。ヒストリー（歴史）とストリート（街路）から名前を取ったこの建物には、遺物や写真、資料など基地と共に発展してきたコザという街の戦後史が詰め込まれている。

「コザ暴動はヒストリート館のメインテーマの柱というかな、やっぱりとても大事な要素ではありますよね」

ヒストリート館の設立に尽力したという今郁義さんの言葉だ。コザ暴動では最初から現場にいて一〇台ほどの黄ナンバー車を道路中央に押し出し、焼けるに任せていたと、私の前で初めてその詳細を語ってくれた今さんだが、復帰後は沖縄（旧コザ）市役所に勤務、市史編集に携わりながら定年まで勤めた。そして、こう続ける。

「人間の記憶にとって二五年という周期はとても大事だと思う」

今さんによれば、コザ暴動が起きる二五年前、即ち一九四五年は沖縄戦が始まり終結した年だ。そしてコザ暴動から二五年経った一九九五年は、梃子でも動かないといわれてきた普天間基地返還につながる少女暴行事件が起きていた。それからさらに二五年後の二〇二〇年、沖縄はコザ暴動五〇年だけではなく、米軍基地由来のコロナウィルスの大感染に見舞われた。二五年という周期は沖縄の世論が大きく変化する「ターニングポイント」というのだ。

「沖縄に住む僕がいつも感じていることは、ずっとコザ暴動を背負っていくんだろうなということかな。個人的なことでいえば、この暴動の一〇日後に息子が生まれるんですよ。そういう意味で息子の誕生日がくる度にコザ暴動を思い出す」

なるほど、と思いながら私は次の言葉を待った。

「もうひとつは、アメリカという異民族支配から早く脱却したい、本土に復帰したいといってきた沖縄の人たちが、コザ暴動を機に沖縄戦について語り始めたということですね。そこには、口を閉じていたらいつまで経っても同じことが繰り返されてしまう、という思いがあったんだと思いますね。そして少女暴行事件が起きると、それまでは他府県に基地を押しつけてはならないといってきたのに、堰を切ったように沖縄だけに基地を押しつけるな、安保が大事なら全国民が分担すべきだ、とその不平等性を積極的に主張するようになったことですね」

私にも同意するところがあった。少女暴行事件が起きたとき、ほとんどの日々を沖縄で過ごしながら日に日に高まっていく沖縄の声に驚いた。それは普通の人々の声に負けじと、県政実務の牽引車だった当時の吉元政矩副知事は、「うちなーんちゅがいうところの戦（いくさ）でしょうね」と動かぬ日本政府や日本国民に怒り、基地とは共存共栄としてきた沖縄自民党の饒辺享子女性総局長は、「保守だの革新だのいっておられない心に押し込められた怒りが表に出る。これなんですよ、本土のみなさんと違うところは」と声高に主張するのだった。（拙著『いくさ世・沖縄』一九九八年刊「現代書館」参照）

「結局、沖縄戦を経験した世代とか、復帰後の米軍犯罪を体験した世代とか、少女暴行事件で異議を申し立てた人たちとか、そういう人たちの声をつないでいくならば、二〇二〇年はまた新たなスタートになるかなと思います。そういう意味でもコザ暴動は沖縄戦後史の大きなターニングポイントとしてきちんと位置づけるべきだと思いますね」

「つまり、二五年というのは……？」

「二五年というのは記憶を忘れない節目、記憶をつないでいく節目だと思う」

コザ暴動からちょうど五〇年目となった二〇二〇年一一月二三日、私は今さんからのメールを受け取った。そこには、自分があの日の夜のできごとを詳細に語ることにしたその理由が書かれたいた。

『吉岡攻さま。私がなぜ、事実を語る気になったのか、それは、自分が何もかも正直に語ることが事件で逮捕、起訴、有罪判決を受けた四人の人たちの名誉を回復する道だと、この間ずっと考え、そのことが心に引っかかっていたからです。

この暴動が、沖縄戦後史の中にきちんと位置づけられることを私は信じています』

メールから伝わってくるものは、この五〇年余、事件が「暴動」なのか「騒動」なのか、あるいはまた「決起」なのか「蜂起」なのか、その本質が揺れ動いてきたことへの、今さんなりの反省と決別だった。

照屋さんら弁護団が主張したように「やらなければ、やられたままだった、だから」という「抵抗権」が退けられた以上、車を引きずり出し、放火する。あるいは凶器を準備し、あるいは公務を妨害したとして、与座さんら四人が刑事罰を科されたという事実は、重く残ったままだった。だから、時効がきてもこなくても犯罪は犯罪だと考える一般世論の前で口を開き、ありのままに語ることは格段の勇気がいることだったに違いない、と私は思った。またそれはメールにも書かれていたように、いまだコザ暴動は「沖縄戦後史の中にきちんと位置づけ」られてはいなかったのだ。

## □再びの、火だね

ゲート通りと並んで米兵たちの歓楽街だったBCストリート。いまは椰子の木が連なるアーケード商店街として再出発、名前も中央パークアベニューに変わった。飲食店、楽器店、洋品店、それにパッチワークや刺繍などの専門店も並ぶ。ホテルまである。

アーケードのいちばん奥、嘉手納基地に近い一角にあるしゃれたカフェで、私はコーヒーを前にしきりに首をかしげる中根学さんと向き合っていた。

高校二年生だったとき、燃える暴動現場で三台の黄ナンバー車を道路中央に押し出す手伝いをしたという中根さんだ。しかし、その事実をようやく仲間に打ち明けたのは地元新聞『沖縄タイムス』記者になり、編集局長となった五七歳のとき。コザ暴動からすでに四〇年以上が経っていた。

「暴動の現場にいたときは見つかるとまずいなと思ったんだけど、でもちょっと手伝わなければ、というのがどこかにあって…。沿道には高校の同期生なんかが相当数いたはずなんだけどなあ、誰も口に出していわない。何というか、それは…」

中根さんはなかなか的確な答えが見つからないようだった。

「同じ質問なんだけど、四〇年以上も口をつぐんできたというのは?」

「ですからそこが非常に不思議なところで…。本来だったら子や孫にも、昔、じいちゃんはねとか、俺は、とかいってもよさそうなことなんだけれどもね……」

「口に出していえないというのは、最初から?」

「何しろあのときは高校二年生でしょう。しかも学校あげて受験勉強、受験勉強、国費が何だ、奨学金が何だといっているときに、自分は暴動に参加して車を押し出す手伝いをしました、などとはやっぱり口に出せなかったですね。もししゃべっていれば、先生も、これは指導せんといかんということになっただろうし、停学とまではいかんのじゃないかと思っても、事情聴取されるのも嫌だし、しかも、両親ともに教員だったですからね。それもあってか、なかなか……」

「やっぱり犯罪に加担したといった意識が……?」

「正直、それはないんだけれども、両親にばれたらまずいかなというのはあったかなあ。あのときも家に戻って聞かれたとき、そう、見た、ずっと見てた、そういって自分がどうしたっていうことはいわずに、見てきたということしかいってないわけですよ」

新聞記者になり、デスクになり、そして編集局長に上り詰めていく中で、毎年一二月二〇日がやってくると『沖縄タイムス』もコザ暴動特集を組んできた。そして、配下の若い記者が取材した記事を点検するのも中根さんが担当した。

「実は大失敗したことがありまして、編集局長になりたてのときでしたから暴動から四〇年目ですかね。若い記者に、面白い取材相手がいるからと教えてやったんです。分かりましたというから任せっきりにしちゃったのが失敗でしたね。上がってきた原稿を読んでも私が与えたテーマ、いいテーマになるよって教えたのに、周辺取材もなくただインタビューしか取ってこなかったんですよ。警察サイドからの情報なども入れてと、もっと強く指示すれば良かったんだが、大失敗でした」

「その記者は現場を知っているわけではなかったしね?」

「やはりこれは体験しないと分からんのかなあ、と…。通り一遍の取材だったとはいいませんけど、甘かった。まあ、あれだけの車、八〇何台ですか、燃やすっていうことの実感がないのかも知れない。もどかしくはなるんだけれども、頭ごなしにいうわけにもいかず…」

「自分も手を貸して、ひっくり返したんだともいえなかった?」

「いえないんです。その段階ではまだ誰にもいってないですからね」

「本当にくどいんですが、四〇年目ともなると、暴動も二五年間の怨念が爆発したんだと肯定的に捉えられてもきていたと思うんですが、それでもいえなかった?」

「これが分からんのです、いまもって。ここが難しいところですね。ただ、とにかく米軍への怒りというしかなかったんでしょうし、あくまでも正義はこちらの側にあると思ってますし、ならばもっと堂々と、という気にもなるんですが、どっかに罪の意識があったかというと、いや、ない。そこが複雑なんです」

話を重ねていく中で、私には中根さんの戸惑いやいい淀みの背景が少しずつ見えてきた気がした。もしそうだとしたら、中根さんは過去を見ているのではなく、これから先を案じているということだった。

「ひょっとして、暴動は決して過去の話ではないと?」

「うーん…。それはですね、いつまたこういうことが起こるかという懸念が、ずっと渦巻いているような気がするんですよ。もちろん、うっかりしたことはいえません。というのもメディアに職を得てた者ですからね」

「しかし、いまでも起こり得ると?」

「その懸念は私たちの世代の誰もが持っているんじゃないだろうか、極端にいえば。あのときは米軍支配に対するもので暴動はおかしいという人はいないんだけど、それと似たような状況がいまきてるんじゃないか、という気もする」

「結局、きちんとした答えができないのは、あれがいつでも起きそうな気配を、こののんびりしてる沖縄の中でも感じるんですよね。あの当時は米兵や米軍という相手が見えていた、しかし、いまは全然見えない、見えないけど現にそこに危機があるんじゃないか、というものを常に感じている。復帰とともに沖縄もずいぶん変わり、発展もした。でも全く変わらないのは日本の統治機構、沖縄の声が全然通らなくなったんじゃないかっていうフラストレーションっていうのが気になるんです」

「それは、辺野古への基地移設とか……?」

「はい、しかも、自分たちの政府がそれを担っている、いったいそれって何?という素朴な疑問です。仕方ないという人もいれば、おかしいという人もいる。この双方が拮抗していて、これが何かの拍子で爆発するか分からないじゃないか、という話になるんです、仲間内では。非常にナイーブなというか……」

「復帰して五〇年が過ぎるというのに、いまはもっと危機的だと?」

「単純にいえば、こんなちっちゃな島に在日米軍基地の七〇%がいまだに残っている。しかも、辺野古では軟弱地盤も指摘されているのに政府は調べようともせずに、粛々と進めて行く、と答える。

この〈粛々〉という言葉の不気味さですよね。結局、私たちの声は聞かないんだなというひとことですよね。しかも、いまではウクライナ戦争や中国脅威論を持ち出して、急速に進めている南西諸島の軍事要塞化ですよね。与那国島の戦車を見たときにもうこれは理屈抜きにびっくりですよ。黙っていたら国に押し切られてしまう。政府がいうように、もし戦争にでもなったら、沖縄はもう木っ端微塵ですよ」

「だから、また、コザ暴動のようなことが起きると?」

「形は違うかも知れませんが、いつ起きても仕方ないような、何かくすぶったものがあるな、という気はしてますね」。

中根さんにとってコザ暴動は決して過去の話ではなかったのだ。

コザ暴動では車三台を押し出してひっくり返しただけだったが、あれから五〇年以上が過ぎたにも拘らず、いままた沖縄を覆っているきな臭い話は、車三台どころの話ではなかった。そのきな臭さを真剣に考えれば考える程、もっともっと大きな決断をしなければならない事態がやってきかねないことへの懸念と不安が、中根さんの心に戸惑いといい淀みをもたらしている原因ではなかったかと、私は推測した。

# 終章　読谷高校生の「五〇年後の沖縄」

長い間の習慣のせいなのだが、日々、耳にしたり目にしたりするもので、気になったり心に留めたことはメモ帳やノート、ときには新聞の余白や広告の裏などに書きつけてきた。しかし、ＳＮＳの進化のお陰で音声がそのまま文字化できることを知ってからは、もっぱらフェイスブックがそんな場所になった。

二〇二二年一月二四日（月）

あまりの露骨さに涙さえ浮かぶ。

「政府のいうとおりにしてくれれば交付金を出す。楯突くなら、即中止だ」

名護の市長選挙でのことだ。辺野古など基地を受け入れてくれるのなら米軍再編交付金は出すが、反対なら出さないというのだ。有権者が悪いのではない。疲弊する地域経済、それ故に生活困窮者となってしまう人たちにとっては、子どもの学校給食費や医療費などの無料化は願ってもない支援策のはずだ。しかし、現実には「基地ＮＯなら出さない」という国の露骨な介入、干渉が堂々とまかり通る。本来なら「地域振興」と「基地政策」は無縁なはずだが、名護では、市民たちの生活のふところを左右するこんな政府の干渉政治がずっと続いているのだ。

沖縄が、日本社会に復帰してちょうど五〇年。東京からはるか遠い南の島の、さらにその中心から遠い北の町の市長選などと眺めていて、いいはずがない。

二〇二二年二月二四日（木）

この一ヶ月、やるぞ、やるぞと手を振り上げてきたプーチンだが、絵に描いたかのように、今日、ウクライナに武力侵攻した。毎日が、戦争はこうして始まるのか、ということを実感する日々だった。

「首都に戦車が…」

テレビのニュースが速報で伝える。首都とはウクライナのキーウのことだ。ロシアは全面制圧の挙に出た。一挙にケリをつけてウクライナを傀儡国家にしてしまおうというプーチンの魂胆が丸々見える。それへの警戒なのかどうかは分からないが、嘉手納基地では元々の「ZZ」に加えて、「AK」という米アラスカ州空軍所属のマークをつけたF35Aステルス戦闘機までもがひっきりなしに離着陸を繰り返す。

沖縄でこの戦争のニュースを、そして戦闘機の飛ぶさまを見ていると、格別な嗅覚が働く。それは、本土ではお茶の間の議論で終わってしまうようなものでも、ここでは「戦争」というきな臭さを伴って襲ってくるということだ。

## □変わってないことと変えたいこと

ウクライナ侵攻が始まってすでに二ヶ月。「ウクライナをナチスから守る」という荒唐無稽としかいいようのない理屈を理由としたロシアの武力攻撃は、ますます激しさを増す。戦争に納得する理由などないのは戦場とされた沖縄に暮らす人たちがいちばんよく知っている。読谷高校での復帰五〇年をテーマにした「特設授業」の最後は沖縄の未来を問うものだった。

「これが最後のテーマになります。復帰によって沖縄の何が変わったか、何が変わっていないか、そして、いいですか、これが大切です、何を変えたいのか。これから沖縄の問題や課題に主体的に向き合っていくためにも、みなさんの気持ちでまとめてください」

伊佐真淳先生の声が教室に響く。

基地の島から観光へと舵を切った時代に生きる二一世紀の高校生。班ごとの生徒たちがお互い顔を見合わせる。真ん中に置かせてもらった三六〇度カメラのマイクがそんな生徒たちの音を拾う。

「変わったと思うこと、基地が減った……」

「減ったの?」

「うん、だって九〇%ぐらい基地だったというけど、いま七〇%ぐらいだもん」

「それでも七〇%なの?」

「日本全体の中の沖縄にある米軍基地の割合だよ」

「これって公平じゃないよね?」

隣の班でも。

「基地を減らしたらよくない?」

「でも辺野古とかどんどんやってる、海の中に移設されたら環境問題にもつながるし…」

「基地減らしたいといったって、基地で働いている人もいるしね」

「そう、普通の人が高めの給料をもらおうと基地に入るわけじゃん」

「だから、全部なくすわけにはいかないさ」

「そう考えたら、超むずいね、基地問題って」

「どうするべきなんだろうか…」

「とりあえず騒音とかをなくすってのは?」

「基地で悩むことを減らして県民の意見が通る共存した世界、というのはどうかな」

「かっこよくない?」

その隣の班でも。

「変わってないことは、復帰しても米軍からたくさんの被害を受けていることかな」

「じゃ、こうする? 変わって欲しいことは県民の被害がなく、安心で安全な沖縄」

そして、隣の班では。

「いい意味で変わらない沖縄というのは?」

「いいじゃん」

「ゆいまーる(助け合う)って書いちゃおうかな」

「いいんじゃない、みんなで仲よく、か」

「ゆいまーるな沖縄」

グループの間を移動していた先生が定位置に戻る。

「はい、時間です。班ごとの発表ということで。じゃ反時計回りで」

ノートを手に、男生徒が前に出る。

「変わっていないことは、いまでも軍用機の事故があとを絶たないことです。変わって欲しいことは、軍用機の飛ぶ時間を変更するなど、アメリカ側に県民の生活を尊重してもらうことです」

「はい、ありがとうございます。では次」

先生の「では次」のひと声に応えていく生徒たち。

「爆音などの騒音について県民の願いにもきちんと耳を傾けて、しっかり対策して欲しいです」

「変わってないと思うことは、米兵による犯罪とかです。変わって欲しいのは、米軍とのトラブルで苦しむ日本人が少しでも減って欲しいことです」

「変わったと思うことは、人権が復帰前より守られるようになったことです」

「変わってないのは、県民の人権が完全に守られているとはいい難いことです」

「よかったのは基地からの脱依存経済を考えたことで、読谷村では基地の割合が減ったことです」

最終グループの代表がみんなの前に立つ。

「いちばん変えたいのは、沖縄から米軍基地を完全になくすことです」

「はい、ありがとうございます。基地の賛成、反対って本当に難しい、いろんな意見があります。しかしね、みなさんは北谷町から嘉手納町、読谷村、恩納村から通ってますけど、このみなさんが暮らす中部にはアメリカ軍基地が集中していて、これからもこういった問題が続いていくことが考えられます。みなさんが生まれたときから基地は当たり前のようにあるわけですが、これを当たり前と捉えるんじゃなくて、そこにいろいろ問題はないのかということを常に考えながら主体的に関わっていって、さらによりよい沖縄にしていくための人材に是非なって欲しいなと思います。では終わります」

生まれたときから基地がある中で育った生徒たち。それを当たり前の風景と見るのか、そうではなく、基地ある故の不都合に声を上げていくのか、そこを見つめていって欲しいと先生は「特設授業」の最後を締めくくった。

## □五〇年後の沖縄

私たちの出番となった。「特設授業」の一部をお借りすることになっていた。

復帰の前、読谷高校生を始め大きく揺れ動く沖縄社会に身を投げ出した高校生たちの写真を手に、その後の人生を訪ねる旅の最後に、いま生きる高校生たちは、これから五〇年先の沖縄をどう思い描いているのか、それをフリップチャートに書いてもらうためだった。そして、それぞれが手にしたそこには、いまの高校生が思い描く「沖縄」があった。

『基地がない国際的な沖縄』
『戦争を忘れず不安や不満のない沖縄』
『県民が安心して住み続けられる沖縄』
『基地と共存する沖縄』
『平和に共存』
『ゆいまーるな沖縄』

最後の高校生がフリップチャートを頭上高く掲げた。
『壁のない沖縄』

# 著者のノート

読谷高校で行われた復帰五〇年「特設授業」が終わったあと、高校生たちに五〇年後の沖縄の姿を問うたとき、ある生徒の『基地と共存する沖縄』という発表は、私が住んだころの沖縄では考えられない発想だった。当時は住民総所得に占める基地収入、即ち軍用地料や基地労働者給与といった収入の割合が一五・五％に達するなど、「基地こそ最大の産業」という時代だったにもかかわらず、である。それだけ基地への反発が強かった。

いまその割合は三分の一にまで減ったが、基地はなくすものではなく、依然あり、残る限り、依存する人たちもまたいるわけだから、『共存』という考えもひとつであることは間違いないが、そのことをみんなの前で発表するというところに、基地に対する意識の変化を感じてしまったのだ。それは同時に、最後の生徒が掲げた『壁のない沖縄』という言葉の内実を理解することにつながる。

考えてみれば、沖縄社会にとって基地は常に「厄介者」である。安心、安全、安定、安泰などおよそ「安」のつく生活や暮らしが脅かされる度に、「厄介者」であるはずの基地をめぐって新たな対立が生まれ、分断の「壁」を築いてきた。五〇年後はそんな「壁」のない平和な沖縄になって欲しい、とその高校生は考えたのだ。

「壁」を作る基地。そう思って空を見上げると、耳を押さえたくなる程の金属音を残しながら二機のステルス戦闘機が迫ってきては遠ざかる。そういえば、三万枚の写真を手にスタートしたこの沖縄再訪の旅も、きっかけは、墜落・爆発したB52戦略爆撃機事故の記憶からだった。背景にはヴェトナム戦争があった。そしていま、同じ空には、東アジアを明日のウクライナにしない、中国脅威論に備えるといって、F35Aステルス戦闘機が飛ぶ。それだけではない。この旅では触れられなかったが、中国が勝手に線引きした「第一列島線」に接する奄美から沖縄、そして宮古、石垣、与那国島にはいつの間にか空自や陸自の監視部隊やミサイル部隊が造られるなど、沖縄は再び、急速に「本土防衛の盾」の色彩にまみれようとしている。なにひとつ変わっていないのである。

ところで、私の仕事はテレビドキュメンタリーのディレクターで、本書の元々はNHKのEテレ『ETV特集』で放送した「沖縄が燃えた夜~コザ暴動五〇年目の告白~」と「君が見つめたあの日のあとに~高校生の沖縄復帰五〇年~」の二本がベースになっている。いずれも当時フィルムに記録した人々を訪ね歩くことから始まったが、人々の五〇年という人生を五九分の番組ですべて語れるわけではない。そんなときにインパクト出版会の川満昭広さんと巡り合ったのである。今年春、偶然にも沖縄でごいっしょした日、車の運転手までして下さるという川満さんのご厚意にあずかっただけではなく、「思いのたけを自由に書いて下さい」という励ましの言葉を背に本書は実現した。川満さんとの出会いがなければ実現できなかった。ありがとうございました。

二〇二三年五月十五日

吉岡　攻

## 著者：吉岡　攻（よしおか　こう）

TVドキュメンタリー・ディレクター。ジャーナリスト。1944年、長野県生まれ。68年、東京写真（現東京工芸）大学卒業。69年から72年まで写真家として沖縄に在住。この間71年、写真『沖縄69～70』で平凡社「太陽賞」準太陽賞を受賞。

81年から『11PM』『NNNドキュメント』『久米宏のTVスクランブル』（日本テレビ）『音楽の旅はるか』『そこが知りたい』（TBS）。85年～95年『ニュースステーション』（テレビ朝日）でディレクター。95年～2004年『報道特集』（TBS）でキャスター・ディレクター。現在はテレビ番組制作会社「オルタスジャパン」相談役・ディレクター・プロデューサー。

TVドキュメンタリーとしては、NHK「BS世界のドキュメンタリー」「ドキュメンタリーWAVE」「NHKスペシャル」「ETV特集」などでアメリカのテロとの戦争を扱った『出兵を拒否した者たち』『虐待と微笑』ほか、『アメリカ・破産都市は甦るか』『ブット暗殺の謎』『ダライ・ラマ亡命への21日間』『地中海・難民島』『沖縄が燃えた夜～コザ騒動50年～』『君が見つめたあの日のあとに～高校生の沖縄復帰50年～』などを、民放では沖縄を舞台にした『第7心理作戦部隊の宣撫工作』（琉球朝日放送）『甦る紅型』（WOWOW）『戦場写真が語る沖縄戦』（TBS特番）、ほかに『トランプ大統領誕生の衝撃』（日経CNBC）などを制作。

著書には写真集『沖縄69～70』『新・韓国事情』『新島・モアイの島』『写真と権力（共著）』『いくさ世・沖縄』『戦争の果て』『虐待と微笑』『21世紀の紛争全5巻（監修）』『沖縄を知る本』などがある。

〜復帰５１年目の黙示録〜うちなー世
**書を捨て、まちに出た高校生たち**

2023年 6月22日　第1刷発行

著　　者　吉岡　攻
装　　幀　宗利　淳一
発 行 人　川満　昭広
発　　行　株式会社インパクト出版会
東京都文京区本郷 2-5-11　服部ビル 2F
Tel03-3818-7576　Fax03-3818-8676
impact@jca.apc.org　http://impact-shuppankai.com/
郵便振替　00110-9-83148

印刷・製本　モリモト印刷株式会社